U0014922

《一念之間》暢銷作家 蘇拾瑩——著

輸時，贏得人生

從灰燼中重生的100個心靈操練

專文推薦

從「老我」走向「新我」的奇妙旅程

徐信得

接受蘇拾瑩傳道的請託，為她即將出版的新書寫序，新書的名稱是《輸時，贏得人生：從灰燼中重生的100個心靈操練》。書中所寫的一百個心靈操練是她人生真實的體驗，她勇敢地將自己剖析在讀者面前，坦承自己的自大、傲慢、虛偽、好勝、自我中心等，如何在失敗的婚姻中被上帝修整，更在打離婚官司過程中，經歷上帝一步一步的帶領，除去「老我」而生出一個被上帝調教過的「新我」。

這一百個心靈操練都是對自己重大的挑戰，就像是把自己最汙穢、最不堪的地方，公開在眾人面前，但是，如果沒有經歷過這樣的淬鍊，就無法治癒心靈的傷口重新站起來，就會在恐懼害怕、報復傷害中惶惶度日。如今她能昂首向前，充滿喜樂、平安地過日子，並且獻身成為一位文字工作的傳道人，是來自於內心真正的悔改，得到上帝的憐憫、赦免，也才有真正的喜樂和平安。

在閱讀的過程中，我的心境跟著起伏，心中也反覆出現同樣的問話：「表達得真

露骨赤裸，刀刀砍中自己的要害！會不會太直白了？受得了嗎？」若不是在信仰上被上帝徹底修理，而且親自嘗到上帝豐盛的愛，是很難做到如此地步的。全然放下自我，全然倚靠上帝。每一篇都幾乎是一個醜陋的「老我」被上帝修剪的過程，從靠自己到倚靠上帝之間奇妙的轉變，這是她真實人生的體驗。

相信這麼坦白的個人敘述，對那些有相同遭遇的人，會產生共鳴，也會得到激勵。我也相信，還有很多人，是陷在作者所描述她自己各種人生困境中的某個情境，正在受苦著，希望閱讀此書時，能從她的分享看見曙光，更進一步學習她倚靠上帝的作為。

既然是「從灰燼中重生的100個心靈操練」，那此書也可以一篇一篇逐日去讀，跟隨著作者的自我反省來反省自己，操練自己的心靈，也跟著每篇中最後的提問去思索自己的答案，定能對讀者產生更大的裨益。或者也可以快速地讀完它，知道作者的心路歷程，然後再慢慢地細讀，相信它會像一面鏡子，幫助你看清自己。

（本文作者為台北三一長老教會牧師）

專文推薦

找回過去忽略的風景與心情

林靜如（律師娘）

四十歲是我人生一個重要的分界點，從今年開始，我突然相信「命」這件事。回想過去十年，我從路邊攤老闆娘變成律師娘，這一切對我來說，如夢似幻。或許我自己有付出一些努力，但比我更努力的人很多，他們比我更值得得到我所擁有的這些。

或許有些人不相信，有時候，我很想丟掉現在手上的一切，回到家裡當個什麼都沒發生過的家庭主婦。

可是，發生過的不會消失，它已經存在我的身體裡、我的骨子裡，雖然，如果讓我回到五年前，沒有「律師娘」的時候，我不見得會選擇走上同一條道路。

高中到大學的我，是個非常害羞的人，連話都常常捨不得說，認識我老公以後，我還是常常躲在他身後，讓他來幫我擋風遮雨。說實在話，那時候的我，有那種不知人間疾苦的幸福與快樂，雖然，偶爾被老公罵的時候，我又會感受到當小女人的委屈，而覺得自己該做些什麼。

當律師娘並非我的本意，無意中為事務所寫的幾篇文章，沒想到在網路上一發酵，帶來了一連串的蝴蝶效應，不要說是我始料未及，根本是我無法掌控的。

身旁的人都說我好厲害，其實，他們不知道，大部分的時候，我心裡是很擔憂害怕的，我擔心自己根本沒資格承受得起這樣的讚揚。

這幾年別人看似我越爬越高，我卻看著離我越來越遠的地面，恐懼感也逐漸膨脹。說句別人可能不相信的，若給我一條道路，我情願走回地面，回到以前傻乎乎的生活。

「成功，有時候是毒藥。」作者如是說。

身為很多家庭主婦嚮往目標的我，雖說不上成功，但我不避諱被認為是矯情地說，我想念以前的自己，看似平凡，卻擁有最快樂的初心。

現在的我有什麼不一樣？煩惱變多了、忌諱變多了，動輒得咎，深怕自己的一言一行有什麼不得體，讓人家覺得我言行不一。

其實，以前的我跟現在的我，最重要的東西始終沒有改變，就是我的家人。

那麼，這些外在的改變，對我的意義為何？成就我自己嗎？我一直都是我自己，有什麼好成就的呢？

那些把律師娘當偶像的主婦們，其實，你們不懂，我越來越想放棄現在的一切，

只當最單純的自己。

這本書，找我寫推薦序正是時候，或許這正是上帝的安排，告訴我走到山頂了，看完風景，我就該下山了。

我依舊感謝這世界這幾年給我的掌聲，但是，接下來，我想找回過去自己忽略的風景與心情，跟這位作者一樣，把仁愛、喜樂、和平、忍耐、恩慈、良善、信實、溫柔、節制，一樣樣撿拾回來。

一切的計較都將過去，再沒有所謂的公平不公平。

（本文作者為親子天下嚴選部落客、媽媽經專欄作家Mamibuy駐站作家、今周刊電子媒體專欄作家）

作者序
低頭，是為了將來頭抬得更高

人的勝利來自於對手的投降。人生的勝利，更來自於對天命的投降。

我的名字叫做蘇拾瑩，諧音就是「輸時贏」或「輸實贏」。我的人生充滿了看似輸，實際上卻贏了的故事。當我願意認輸，反而就贏了。

認輸，不全是對人認輸；最主要還是對天命的認輸。天命，是上帝為我定的命運，服輸是輸，不服輸還是輸。

我從小就一帆風順，是天之嬌女。成績優異，工作也表現出色。從來只有別人輸我，很少嘗到輸的滋味。倒是經常獲勝，贏是家常便飯。於是養成了我好強、好勝的性格，凡事「不服輸」，也「輸不起」。

這樣的性格就如同舊約聖經裡的雅各（雅各伯），即使和上帝的使者摔跤，也卯足力氣，一定要勝。我也是用盡了自己一切的力氣，拼命與上天搏鬥，不肯認命；直到

耗盡所有，遍體鱗傷，竟然發現那一點用處都沒有，還是脫不了困。

上帝賜恩典給雅各的方法就是讓他腿瘸了。有了殘疾的雅各知道自己不行了，方放棄了自恃與好強的性格。但說也奇怪，當他認輸，卻能接到上帝賜給他的福氣。原來，**阻擋在他和上帝恩典之間的不是別人，正是他自己**。

上帝愛護我如同愛護雅各，祂也透過一連串的苦難磨我，拿掉我的自恃、自負與自我。我的第二次婚姻為我帶來巨大的災變。先是小女兒被奪走，後來財產也全被奪，靠澳洲政府救濟金維生。我經歷了持續十四年的官司，光是律師費就花掉一千萬台幣。加總起來，我在這段婚姻上賠掉了超過一億元。

只是很奇妙的，雖然賠了一億，上帝卻讓我賺了一生。我看似輸得很慘，其實卻贏了真正的生命。上帝把我重新找回祂的懷抱，像尋找迷途羔羊那樣把我抱回。祂纏裹我的傷口，安慰、扶助我，讓我重新站立起來。祂更進一步鍛鍊我、改造我，然後使用我。讓我的生命敗部復活，開始翻轉。

從哪裡跌倒，就從那裡爬起。低頭，是為了將來頭抬得更高。

當我認輸，對上帝降服，乖乖順著天命走，就一再經歷到贏的滋味，得到前所未有的勝利。奇妙的生命改變帶來平安與喜樂，這股力量打從心靈深處源源不斷湧出。我體認到，這才是偷不走、搶不掉的財富。

我的一生，從開始祂就有祂的計劃，是我自己不服叛逃，撞得頭破血流，祂沒有嫌棄我，還是把我找回來，掩在祂羽翼之下，再栽培我、強壯我，直到回到祂計劃的軌道。我成了傳道人，甘願從此服事祂，傳揚祂的真理。順著祂的天意走，我就成為最大的贏家。

西諺云：「勝利來自於投降。」（Victory comes through surrender）人的勝利來自於對手的投降。但人生真正的勝利，卻來自於對天命的投降。

我已不在乎世界的輸贏，我只在乎祂。只要祂幫助我，我必不懼怕，人能把我怎麼樣呢？在永恆國度裡贏，那才是實贏啊！

當人一旦對上帝認輸，對天命降服，人生許多小事情就顯得微不足道了，那認輸又何妨？只要上帝是幫助自己的，輸贏有什麼重要？

有耶和華幫助我，我必不懼怕，人能把我怎麼樣呢？

——詩篇118篇6節

＊本書中的聖經章名、人名，在全書首次出現時，以基督新教、天主教通用譯名對照的方式呈現，以方便讀者閱讀。

Content

PART

1

虛假的情與愛

兩度婚姻的失敗，讓我看穿世間情與愛的虛假。在上帝設計的伊甸園裡，情感原不該是這樣進行的。

罪，四非也，就是沒有射中標靶的意思。世人皆如羊走迷，在上帝設計的藍圖中走偏了。

靈命重生的第一步就是認罪悔改。查驗自己的人生到底是在何時走進了岔路。

我們若認自己的罪，神是信實的，是公義的，必要赦免我們的罪，洗淨我們一切的不義。　——約翰（若望）一書1章9節

逃不掉的天意

人生有時候回頭看，就笑了，天意如此明顯，為何沒有早些察覺？

人生沒有偶然。很多時候，命中早就注定好了。

我不是宿命論者，但我相信上帝的預定論。我們一生，上帝早就預定好了。

如果不是這樣，哪有那麼多剛好、碰巧？

會成為基督徒和傳道人，對我來說，就絕對不是什麼偶然或碰巧。天意命定如此，逃都逃不了。

既然逃不掉，就欣然接受，反而能享受許多恩典，無比甘甜。

俗話說：「順天者昌，逆天者亡。」這話說得不錯，問題是天意是什麼？如果早點知道，誰不想順著天意走呢？

「千金難買早知道」，這是上帝奧秘的地方。

這奧秘，常要用一生的時間去經歷、去回答。

只是有時候回頭看人生的來時路，就笑了，其實天意如此明顯，為何沒有早些察覺？

我出生在父親任教的台南市長榮女中教員宿舍，雖然父親並非基督徒，但我從小卻是在基督教的環境長大。耳濡目染，教會與聖經的一切對我並不陌生。

小時候，每逢聖誕節、復活節，學校總會演出耶穌誕生或復活的話劇，校園裡一些平常就玩在一起的教職員工子弟，每每無比興奮地等在舞台前，聚精會神地觀賞。幾年下來，台詞都會背了，馬槽與十字架的故事，更是滾瓜爛熟。

學校裡不時有一些從英國來的女傳教士，大家用台語稱她們為「姑娘」。孩子們常跑到姑娘的宿舍去玩，知道她們不結婚，因為嫁給耶穌了。

有時候看姑娘們在台上用英文講道，總覺得有一道光芒在她們頭上，既聖潔又神氣。不只一次，**我做夢夢到自己成為傳道人，就像那些姑娘站在講壇上**。這到底是童年的嚮往，還是上帝將天意啟示？直到我念神學院之前，都沒明白。

童年，就這樣溜走。聖經金句存在腦裡，傳道人的形象埋在心裡。

初中、高中也一直過著教會的團契生活，雖沒受洗，但也從沒想過離開教會。但上大學以後，尤其交了男朋友，就離開教會了，甚至跟著開始批評、質疑聖經及教會的一切。

我以為是長大了，思想解放了，殊不知在上帝眼裡，我只是叛逆的迷途羔羊，是祂羊圈裡走丟的那一隻。

有一陣子跟著報館的長官上佛堂，為了拍馬屁，還隨著皈依了禪師，並獲賜法號「傳瑩」。只是這種以交際應酬為目的的信仰，從來就不會開花結果。別人「打禪七」，我連打幾小時都坐不住。遇到禮佛跪拜，一點也跪不下去，不只天旋地轉，甚至還會嘔吐。對認真修行的長官及師兄姐，實在覺得抱歉。

這也是為何我即使當了基督教的傳道人，也從來不批評佛教。我必須承認，既沒有修，如何能批評我所不了解的東西？我傳基督信仰，那是因為我修了，我經歷了，我知道耶穌的救贖是真的。

離開教會如羊走迷的我，在花花世界裡，曾經呼風喚雨、一帆風順。這讓我更加自以為是、目空一切。

人有多傲慢，就摔得有多重。

上帝尋找迷失的羔羊也有祂的時間。就在我摔得鼻青臉腫、走投無路的時候，救主就來找我了。

到底是祂一手造成我的苦難，好讓我迷途知返，抑或是我遭到魔鬼的攻擊，祂像蝙蝠俠一般翩然來救？這已經不重要了。橫豎魔鬼的攻擊也是祂允許的。

人稱「苦難是化妝的祝福」，這倒是一點也不假。遭遇一連串的苦難，也讓我經歷了許多奇蹟，得到了許多祝福；我的生命綻放了更美麗的花朵。

人生繞了一大圈，我居然回到兒時的夢裡，成了一名傳道人。這不是命中注定是什麼？

我的命是這般被上帝預定的，你呢？

我在母腹中被塑造，在隱密中逐漸長大，骨骼怎樣成形，你都知道。我出生以前，你已經看見了我；那為我安排尚未來到的日子都已經記錄在你的冊上。

——詩篇（聖詠）139篇15－16節

被殺死的心

成功，有時候是毒藥。花花世界裡人人嚮往，卻極易讓人食髓知味，貪戀世俗的虛榮，如喝下毒藥，殺死了初心。

我成功過，我也失敗過；我贏過，最後我輸了。輸掉了這世界所謂的「成功」，但幸運地找回了最珍貴的初心。

因為當初讓我失去初心的，正是這花花世界裡人人嚮往的成功。

我從小就很會讀書，聯考也都考取第一志願。從台南市中、台南女中、北一女、台大，均以第一志願高分錄取，沒有一次例外。

出社會以後在報館工作，也表現優異，三十四歲就當上財經雜誌社的總編輯，穿梭在政商名流之間，朋友非富即貴。後來我更自己出來創業，自己擔任董事長。

年紀輕輕，似乎什麼都有了，意氣風發。在世人眼裡，我是人生的勝利組、是成功的代表。從周遭人們的眼睛裡，我讀到了羨慕。但成功的光環也像一圈圈的繩索，往我身上套來，逐漸形成沉重的枷鎖，一圈一圈把我綑綁。

我開始在乎很多事：我不敢吃路邊攤，怕沒面子；不敢搭公車，怕寒酸；搭飛機一定要坐商務艙，怕坐經濟艙有失身分。我不敢拿不是名牌的包，不敢戴不夠昂貴的錶。我在乎別人怎麼看我，我害怕一不小心就掉價，害怕人們眼中的羨慕會消失。

我成天穿著時尚，腳踩高跟鞋，讓司機載著和朋友出入高檔餐館。我怕一個人吃飯，覺得被別人看到我孤孤單單是很丟臉的事。

我參加一些社團活動，總有一堆人簇擁著我，要我投資這、金援那。我享受被吹捧、被巴結、高高在上的滋味，非常怕有一天他們不再關注我。

太在乎人，就不在乎天了。太在乎別人的眼光，自己眼裡就容不下上帝。成功，讓人貪戀世俗的虛榮，就像喝下毒藥，一點一點殺死了初心。

我是在失去了成功的光環以後，才遇到了上帝，找回了初心。

你呢？你的初心還在嗎？

凡世界上的事，就像肉體的情慾、眼目的情慾，並今生的驕傲，都不是從父來的，乃是從世界來的。

——約翰一書2章16節

當大女人碰上大男人

婚姻中的大女人碰上大男人，各自畫著自己的圓，卻永遠畫不出一個同心圓。

很多人問我第一段婚姻為什麼會離婚。

簡單說，當大女人碰上大男人，婚姻很快就玩完了。

我是獨生女，從小是爸爸的掌上明珠，如天之驕女。舊時代三從四德、男尊女卑的迂腐觀念，從小就被我排斥，當成是笑話。

「男生大多沒我優秀，我哪裡需要靠丈夫？」這是我從來沒有懷疑過的自信。對於聖經提到的「男人是女人的頭」、「妻子要順服丈夫」，我則嗤之以鼻，甚至強烈質疑：「為什麼夏娃（厄娃）是從亞當的肋骨變來的？多麼愚蠢的故事！」

年輕的我是大女人主義，而我的第一段婚姻偏偏就遇上了一個大男人主義的丈夫。他雖是個有責任感的正人君子，卻也是很典型的台灣大男人。

我們兩情相悅而結婚。起初彼此欣賞，總有說不完的話，一起談玄說理、評古論今。在我擔任記者之初，我們討論時政、剖析經濟、臧否人物，可說十分投契。

然而，婚姻生活不只是談理論，還有許多繁瑣的家務事。

大男人和大女人的共同特徵就是自我中心，不太容易為別人著想。兩個自我中心的人各自有自己的想法，難免產生摩擦。

重男輕女是大男人性格的主要成分。兒子出生後，即刻成為東宮太子，母后隨即淪為次等公民。開車出遊，老公永遠讓兒子坐前座，媽媽只有坐後座的份。

有女兒之後，老公雖也疼愛，但根深蒂固的習性難改，回家第一個抱起的一定是哥哥。小公主的失落看在外婆眼裡很是心疼，還督促我一定要約束老公的偏差行為。

這一段婚姻期間，我的記者生涯算相當順遂，名利雙收，前途一片看好。偏偏老公的事業剛起步，氣勢大不如我。

妻強夫弱，對任何婚姻都是極大的挑戰。

當時的新聞業還沒有電腦化，記者白天要採訪，晚上要在報館發稿。想升遷，人脈關係很重要，下班時間經常有飯局應酬，事業與家庭難以兼顧。其實這是每位優秀女記者的兩難，也是這個行業離婚率偏高的主因。

大女人的我，總是把事業擺在家庭之先，老公則不時拒絕扮演「主內」的角色，夫妻間漸漸出現了爭執。日子就在我主張女男平等、老公強調男性尊嚴中吵鬧度過。

妻子天天光鮮亮麗周旋在以男性為主的名流之間，經常碰到異性朋友大獻殷勤，

這也相當刺傷大男人的自尊心。

吃醋夾著抗拒的情緒一旦爆發，婚姻的維繫就更加辛苦。只要碰上一兩次非理性的情緒衝突，就絕非「床頭吵床尾和」得以解決，婚姻破裂成了必然的結果。

大男人與大女人或許可以當很好的朋友，但在婚姻當中，卻會引起競爭與計較：誰該對家庭付出多少？誰該犧牲自我多少？在爭執與衝突中，愛情就被殺死了。

自我中心是扼殺婚姻的凶手。兩個以自我為中心的人碰在一起，各自畫著自己的圓，卻永遠畫不出一個同心圓。

那，難道沒有解藥嗎？

還是有的。若能各自除掉自我中心，把上帝擺中心，就行了。

或許有人質疑，服膺基督教的上帝，不就是「男尊女卑」嗎？

其實基督宗教的教義最講求尊重女性了，總是女士優先。英國首相柴契爾夫人、德國總理梅克爾，都是虔誠的基督徒，與丈夫的婚姻都幸福美滿，並沒有男尊女卑、夫貴妻賤的問題。

聖經所述「妻子要順服丈夫，丈夫要愛妻子，甚至捨己」，這樣的教義只是在突顯男女生理上強弱的特徵，與男女平等的精神並無違背。

只要把上帝的天道擺在婚姻的中心，即便在事業上妻強夫弱，只要彼此做好溝通與協調，也無損於婚姻的幸福。

我是在信耶穌之後，才明白這個道理的。

你呢？放棄當個大男人或大女人了嗎？

教會怎樣順服基督，妻子也要怎樣凡事順服丈夫。你們作丈夫的，要愛你們的妻子，正如基督愛教會，為教會捨己。

——以弗所（厄弗所）書5章21－25節

朋友妻不可戲

你可以嘲笑道德的迂腐與偽善，但違反道德引起的後遺症，卻讓人難以承受。

我第二任丈夫是第一任丈夫的大學校友，我在第一次結婚的婚禮上認識他。

在我第一段婚姻期間，他是我們家唯一出入頻繁的常客。孩子滿週歲有他，每年過年有他，週末或假期更經常出現在我們家，或跟我們一起出遊。

第一任丈夫大概知道他這位朋友並不是妻子喜歡的那類型，所以從頭到尾都很放心讓朋友與妻子經常單獨相處。有時說好一起出遊，丈夫臨時有事，就把妻兒託給朋友，也不管我這個做妻子的經常獨自生悶氣。

這位朋友也很大膽。認識沒多久，就對我表白愛慕之意。因身邊追求者眾，我從沒把這事當真，也從沒對丈夫提起，假裝什麼事都沒發生過！

然而當我和丈夫爭執日烈，這位朋友就乘虛而入，對我展開炙熱的追求。我在雜誌社熬夜發稿，他探班送毛毯、宵夜。我辦公室經常收到他送來的昂貴鮮花。

我多次拒絕他的追求，清楚表達：「我們只是好朋友，不可能有未來，你還是好好找個可以結婚的女友吧！」

但他打死不退，抱病還來看我，甚至從台灣追到我出差的香港，只為了請我吃一頓飯。我曾多次給他介紹女友，也都沒下文。

他對我瘋狂的追求一如言情小說裡豪門公子追求女星的情節，戲劇化十足。我雖不想做他女友，卻很享受這種被追求的滋味，十足滿足了我的虛榮心。

在與第一任丈夫分居後，他的追求更加猛烈。我曾求助於第一任丈夫，以朋友的身分提醒他「朋友妻不可戲」，讓他打退堂鼓，卻被第一任丈夫拒絕。一氣之下，我決定與第一任丈夫離婚，嘗試接受一段新的愛情。

雖然我並不很愛他，但追著追著，也就這樣被追跑了，他成了我的第二任丈夫。生意人重利輕義，可能他見我當時擁有人脈及知名度，或許可以為他帶來利益，因此窮追不捨。「朋友妻不可戲」的道德律，似乎並不在他的考量之中。

而當年的我，在現實勢利的世界隨波浮沉，道德感也很薄弱。尤其被熱情的追求迷惑，沾沾自喜，更忘了道德為何物。比起道德，我那時更愛慕虛榮。

當虛榮矇住人的眼，理智就隱藏了。我甚至忘了去追問，自己憑什麼魅力讓對方不惜背叛朋友，也要追到我？只見炫目的愛情，卻看不清愛情背後的動機。

兩個相愛的人在一起，可以一時不顧道德，卻無法避免接踵而來的後遺症。

在現今社會中，當「閨密變小三」、「兄弟變小王」，「背叛」就成為一道帶著魔爪的陰影，在許多原本親密的友誼間不斷擴大。純潔的友情染汙了，信任變得薄如紙張。別人的指指點點多少會影響情緒，使得人際關係大受影響。自己良心發出的譴責，也讓人感到自卑。性格變得敏感、多疑，老是覺得別人在八卦自己，不時做出過度反應。情緒不穩，也讓自己失去應有的淡定與自信。

不正常的男女關係，就算不在意別人的眼光，自己也會變得「怪怪的」。

如果時光可以倒流，事情可以重來，我不會再讓這件事發生。我會選擇從一開始就嚴正拒絕。朋友妻不可戲，**冷酷無情的拒絕，才是令人安心的友情溫暖**。

你呢？你還嘲笑「朋友妻不可戲」的道德律迂腐嗎？

不可貪戀人的妻子。

——申命記5章21節

假愛之名

激烈的情感背後其實是缺乏自制力。真正的愛，要自制，不要意志。

我的第二段婚姻，婚前丈夫追了我十年。但婚姻卻只維持了兩年，打了十四年的官司才完全結束這段孽緣。

在追求之初，他告訴我：「神明託夢給我，你前世是我的，只因我要遠行，把你託給朋友照顧，沒想到他卻把你據為己有。我這世一直尋找你，現在終於找到了，所以死命也要把你追回來。」

這些話我雖不信，卻也被這股堅定的意志力所感動。

他充滿自信地說：「我要的東西，很少沒有到手的。」果然，花了十年功夫，他的確把我追到手了。但也可由此得知，這股堅定的意志力背後，是一股強烈的占有慾。

這種愛，**挾著強烈占有慾的意志力**，可以讓人不達目的死不甘休。

有一次我在美國洛杉磯的林肯飯店住宿，正在追我的他打電話進來。我懶得理會，睡眼惺忪地哼答了幾聲，他問：「你是不是感冒了？不舒服？」

「是啊是啊，我不舒服，要睡了。」我敷衍地說，一下就把電話掛了。

凌晨五點多，電話響起，又是他：「我在你酒店樓下，給你送藥來。」

「拜託，我在睡覺！你不要來！」我又沒病，只想睡覺，不願讓他進來。

沒多久，敲門聲響起。我躺在床上有點生氣，沒去開門。

電話響了，他堅持要我開門。換我求他：「拜託拜託！你七點再來好了！」

「不行啦！開門！你需要照顧！」他堅持。我還是不理。

不一會，敲門聲響起。越來越急促，越來越大聲，夾雜著命令與哀求：「開門！拜託！快點！不然會吵到別人！」我只好開門，因為真的怕吵到別人。

我很不高興，他就低聲下氣哄我：「你看我這麼愛你！」

強烈占有的意志力，經常假愛之名，進行情緒勒索。

又有一次，我決心徹底拒絕他的追求，要求說：「我們真的不要再見面了！」

他卻回說：「我們見面再談！」我不肯，他就開車到我辦公室外來堵我，一看到我下班，就尾隨著我，要我上車。我當然不肯。

「你先上車，我們總要談談清楚。」他央求著，但我還是不肯。

「那我送你回家。」他說。我依然不肯上車。於是他大按喇叭，且讓車子堵在巷口不走，後面的車子無法前進，車主紛紛探頭出來看發生了什麼事。

「快點上來！別擋住別人。」他對我喊話。

豈有此理！明明是他擋住別人，怎麼變成是我？但情急之下我也只好上車。

見我不高興，他又陪小心哄我：「對不起嘛！都是因為愛你！」

就這樣，打著愛的名義，他經常逼我做許多我不想做的事。

這種具有堅強意志的愛，不得到不甘休；一旦恨起來，也是不摧毀不罷手。「愛之欲其生，恨之欲其死」，愛也激狂，恨也激狂。

烈愛的意志看起來很man，其實很侵略，背後是缺乏自制，愛恨皆無法克制。烈愛的下一步，就是家暴與迫害。

真正的愛其實應如和煦的陽光，溫柔而節制，帶給人溫暖，不致燙傷。能尊重別人，為對方著想。烈愛卻往往很自私，缺乏克制。

你能分別烈愛的意志與真愛的自制嗎？

聖靈所結的果子，就是仁愛、喜樂、和平、忍耐、恩慈、良善、信實、溫柔、節制。

——加拉太（迦拉達）書5章22－23節

算命的誘惑

算命是將自己暴露在靈異世界中。親近它，它把你的靈魂吸走；挑戰它，憑人的力量，鬥不過它的黑暗權勢；逃離它，它會來抓你回去。讓人莫所適從。

九〇年代的某一天，香港鐵算盤的大弟子到台北開業，算一條命八千元。追求我多年的朋友邀我去算算看。我只想去開開眼界，自己並不想算。一踏進門，算命師就衝著我說：「你爸爸屬兔！」我驚訝地點點頭。「你媽媽屬豬！」、「你有兄弟屬龍！」、「你還有兄弟屬猴、屬狗！」我驚嚇得說不出話來。這個連我朋友都不知道的事，鐵板神算還真準！我當下決定給他八千元算命。

算了半天，他接著又說：「你的姻緣就在你身邊。」我瞥見身旁追我多年的朋友一臉喜孜孜的，我則非常不開心。出來以後，我邊走邊罵：「什麼爛命！我不會跟你約會的！」「別氣！我有什麼不好？命中注定的事，你躲也躲不掉！」他倒是信心十足。

我一聽他口氣這麼囂張，更加不想理他，但心裡一直狐疑：「真的躲不掉嗎？真的嗎？」這位朋友後來果真成為我的第二任丈夫。

事後，我接到鐵板神算寄來我的「命」，不但算出我這段婚姻的孽緣，還算出我們有孩子，不過並沒有算出我們日後的離婚及十四年慘烈的官司。

有了鐵算盤的經驗，我們對算命簡直著了迷。結婚之後，更是算個不停。有陣子迷上卜卦，投資前要卜，投資後也要卜；出國前必卜，回國後還去卜。當然也付上大把的鈔票。那個卜卦師算老實人，有次實在看不下去，叫我們別卜了，說：「古人強調不疑不卜，若沒事，就別卜了！就算卜了也不會準。」

有一次玩碟仙，請出神明後用手指在碟盤上轉動，手指會帶著我們找答案。當我們問完準備要結束，恭敬地說：「謝謝大仙指點，現在請大仙回駕。」只是大仙並不肯走，「請神容易送神難」，我們的手指根本無法停下來。

那次有把我嚇到，感覺冥冥之中的靈異真的就近在咫尺，有點恐怖。

孔子說：「敬鬼神而遠之。」既然害怕，那還是遠離點吧！**只是當我想逃離，已經來不及了**。噩運已悄悄臨到我家。

結婚不過兩年，原本苦苦追求我十年的丈夫就完全變了一個人。不但家暴，還抱走孩子，奪走我的財產，讓我一下從雲端跌入地獄，過程與手段十分殘忍。

我怎麼也想不明白，這個一向愛我、討好我的男人，居然能如此狠心對待我。我們的關係若非遭到邪靈的破壞，何至於此？除了邪靈的咒詛，還能有何解釋？

靈異的力量很可怕，不是我們控制得了的。算命，等於把自己直接暴露在靈異的世界裡。一旦沾上惡靈，自己的靈魂都要被吸走。若想抵擋，人的力量實在太微小，根本無力抵擋。若曾與邪靈有過往來，想要離開，哪有那麼容易？

我就曾夢到我正在開車，不小心車子歪到岔路上去了，我使盡力氣要把方向盤打回原來的路上，無奈就是有股力量抓著我的方向盤，不讓我開回原路。

當邪靈的咒詛發酵，人又如何能抵擋得住？幸好上帝愛我，適時來拯救我。

克服邪靈唯一的辦法，就是投靠比邪靈還大的權柄——上帝。

聽了我的真實故事，你還敢算命嗎？

不可偏向那些交鬼的和行巫術的；不可求問他們，以致被他們玷污了。

——利未（肋未）記19章31節

斤斤計較的戀愛

沒有信心才愛計較誰愛得比較多，有信心的人說：「這全部都是你的，你拿去吧，我還會有！」

有一種戀愛觀很斤斤計較：「你愛我多，還是我愛你多？」人們總是說：「結婚對象不要找你愛的，要找愛你的，才會好命。」因為「被愛是幸福的，愛人是辛苦的」。

這是典型「秤斤論兩」的愛情觀，寧當愛的接受者，別當付出者。這也是世俗多數人的想法。長輩總這樣叮嚀適婚女孩，連續劇或言情小說也這樣推波助瀾。我信主之前的戀愛觀也是如此。

這種戀愛觀認為被人追求是件光榮的事。倒追或單戀對方，是件很丟臉的事。有人愛你愛得瘋狂，表示你迷人；有人愛你愛得死去活來，證明你夠魅力。拜倒在我石榴裙下的男士越多越好，也不管那些男士是否並不適合來愛我。

其實，這種戀愛觀對婚姻有很大的殺傷力。尤其當被捧在手掌心上的女友轉變成

必須洗手做羹湯的太太時，就出現了巨大的不適應。女友，習慣了被寵、被照顧；太太，則須照顧家庭、為丈夫付出。當轉換失敗，婚姻就破裂了。

習慣了對愛情斤斤計較，就不願意輕易付出。付出之前，總要先確定對方是否已經做了等量的付出，生怕愛多就吃虧了。

夫妻之間若愛計較，後果就是彼此的不信任。只要一方開始計較，另一方也會被激得開始防衛，甚至疑心病大發。

丈夫認為：「她是不是不愛我了？」太太認為：「被你追到手就開始不珍惜了？」互不信任的結果，就是彼此算計、上演諜對諜的戲碼，把愛情都磨損光了。

其實，**真正的幸福婚姻應該彼此相愛，毫不保留地全心付出**。沒信心的人才會計較「你愛我有多深？」有信心的人會說：「我的愛在這，全部都是你的，你拿去吧，我還會有！」

上帝就是愛，祂那裡的愛源源不絕，只要連上線，取用不竭；你付出越多，祂給你更多。何須計較？你呢？你是否還在計較自己和配偶誰付出得多呢？

愛是不求自己的益處。

——哥林多（格林多）前書13章5節

真相與想像

婚姻貴在相愛、相知。相愛的基礎在了解真正的他，而不是你想像中的他。

我的第二段婚姻，婚前糊里糊塗懷了孕，匆匆忙忙結了婚，根本沒有想清楚。雖然認識十多年，其實並不了解真正的他。

只知表面上他是個富家子弟，是準備接班的中小企業家族第二代。但我對他的價值觀、金錢觀、企圖心，卻並不清楚。他人品如何，我也沒有留意。

不是沒有機會了解，而是我只顧著享受被追求的虛榮，眼睛被蒙蔽了。連他追求我的目的與企圖，都沒有看清楚。

我依稀感覺到，他追我的目的其實是要藉我的人脈來募集資金，謀取利益。只是當時我並不在意。在道德涼薄的世代，金錢掛帥，從婚姻裡謀取利益，好像也沒什麼不對。只是沒想到當利益與婚姻發生衝突，他竟會選擇利益而捨棄婚姻。這是我對他的不了解。

在交往過程中也曾出現一些徵兆，其實已可明顯看出他有一些問題，然而我當時

太自我中心，又愛慕虛榮，所以也視而不見，並不在乎這些問題。

信主以後，道德良知的敏感度逐漸恢復，這才看清楚真正的他。除了懊悔之外，也慶幸上帝救了我，不用和這樣不適合的人共度餘生。許多人是被愛情矇了眼，我則是被自己的虛榮矇了眼，怪不得誰。或許他也是如此，在看清我的虛榮後，出手才會如此凌厲。

婚姻是神聖的，是夫妻共同承受生命之恩，應當彼此相愛、互相了解。而了解，就是相愛的基礎。真正的愛，是建立在真實的了解之上。

近年來婚前輔導很流行，就是幫助男女雙方在婚前就彼此了解。有一對男女進行婚前輔導，出來後就分手了。女的說：「本來以為他有兩棟房子、一部車子，現在才知道全是貸款。我等於婚後就必須承擔這些債務。」

這樣「因誤會而交往，因了解而分開」的例子比比皆是，但未嘗不是件好事，總比婚後才吵架、離婚來得好。

還有一對因婚前輔導而分手的例子。準新郎說：「本來以為婚禮簡單就好，沒想到他們家那麼在乎聘金，要求又那麼高。我高攀不上哪！」

彼此不夠了解，出現錯誤的期待，是美滿婚姻的一**大障礙**。了解還不能只看表面，必須洞識彼此的價值觀，尤其對金錢的價值觀若不一致，是婚姻的致命傷。但這點，有時在婚前輔導也還看不出來。

一名教會的青年和一名非信徒結了婚，女方婚前從不反對男方把薪水的十分之一拿去「什一奉獻」，但婚後卻抱怨：「對教會那麼慷慨，對家庭卻那麼小氣；給我買個生日禮物都那麼寒酸。」

信仰是人重要的價值觀。信與不信，的確很難同負一軛。

婚姻若想長久幸福，就必須接受真正的他，而不是想像中的他。自我中心的人看到的往往只是想像中的他，並沒有真正了解對方。婚前輔導則有助於了解真實的對方，對婚姻的幸福有很大的助益。

了解，才能諒解；諒解，才能包容；包容，婚姻才能幸福。

你呢？你了解你的交往對象是怎麼樣一個人嗎？

二人若不同心，豈能同行呢？

——阿摩司（亞毛斯）書3章3節

追求一起變好的愛情

蒙上天祝福的愛情，可以讓人一起變得更好。反之，一起沉淪的愛情，不受上天祝福。

「因為你的愛，讓我想成為更好的人，因為你值得更好。」這是電影《愛你在心口難開》中，男主角對女主角的讚美。**愛情，會讓人產生一種慾望：想取悅對方，讓對方肯定自己**。愛情的力量會讓人想成為更好的人。

上帝在創造之初，就已把美醜、善惡的標準及想追求美好的「初心」放在人心中。只是當人沾染世俗塵埃，失去了初心，就失去了追求美好的動力。愛情，可以讓人重振這股想望。

蒙上天祝福的愛情可以讓兩人一起變得更好。不得上天祝福，就一起沉淪。我的第二段婚姻並沒有讓我想變成更好的人，這樣的婚姻不討上帝喜悅，也沒有得到上天的祝福。我們夫妻的靈命沒有變得更好，反而對彼此產生負面的影響。

在這段婚姻中，丈夫與我的結合本來就各懷目的，愛的成分實在偏低。

通常，動機不單純的人結合，很難有單純的婚姻。

也不是說結婚就不能有愛以外的動機，人非聖賢，想要拓展事業、享受榮華富貴，也本是人之常情。但就要看兩個人在一起，人品是不是能一起變好，而不是一起變壞。靈命到底是向上提升，還是向下沉淪？

我們在一起之前，各自汲汲營營；在一起之後，我在他的鼓動下出面邀集資金籌辦公司，我從他那裡看到商場的現實功利，學會了什麼叫唯利是圖，而我的貪慕虛榮也多少影響了他，我們都變得更加利益導向。

我們不僅沒有彼此影響向善，反而一起「向錢看」，金錢成了我們的偶像。**當人變勢利，道德就走遠了；心剛硬，良知就式微了。一起變壞的兩個人，心靈都生病了。**

兩個心靈生病的人是很難化解婚姻及生活的衝突的，反而彼此糾結、纏鬥，一起沉淪，雙雙滅頂。

如果不是後來上帝出手拯救，我可能還在墮落與慾望的淵藪中載浮載沉。人最大的悲哀，就是看到自己的沉淪而無力自拔。

我也見過不少蒙上天祝福的婚姻，愛情的力量使兩個人一起變好。

有個年輕人交女朋友，帶來和母親見面，母親見了之後告訴兒子：「我不喜歡，我反對你們交往。」

交第二個女友時，又帶來和母親見面，母親又說：「我不喜歡，我反對。」年輕人和母親頂嘴：「這也反對，那也反對！我以後都不帶給你看了。」

多年以後有一天，年輕人又對母親說：「我交了女友，這次希望你不反對。」

母親高興地說：「我不反對！我喜歡你們交往。」

兒子詫異地問：「你都還沒見過，怎麼知道會喜歡？」

母親說：「我看你的表現就知道了。你以前交女友的時候，一起浪蕩、搞噱頭，看就知道受到不好的影響。但這次卻變得自愛又上進，顯然她讓你想變得更好。那肯定就是個好對象。」

你呢？你和你的他是一起變好，還是一起變壞？

總要趁著還有今日，天天彼此相勸，免得你們中間有人被罪迷惑，心裡就剛硬了。

——希伯來書3章13節

天一黑，就心慌

身體缺乏維他命C，容易感冒；心靈缺乏安全感，就會害怕。過度害怕黑暗，是一種病，是心靈空虛、心靈生病了。

在雪梨著名的達令港旁，有一棟數十層樓高的酒店大樓，名叫華爾道夫酒店。從酒店樓上往下望，是達令港一片華麗的霓虹燈。即使是三更半夜，依然五彩繽紛地閃爍著，妝點著熱鬧的達令港。

華爾道夫酒店的一樓大廳，前邊是餐廳及酒吧，通常午夜十二點打烊。但櫃檯仍有一名值班的服務員留守，應付夜裡緊急投宿的客人。

在酒店的長期住客中，有一名懷孕的婦人。白天人來人往，不見她蹤影，但到了晚上，尤其是半夜三更，卻總看到她一個人在大廳逗留。有時翻閱報紙雜誌，有時操著生硬的英語和櫃檯服務員有一搭沒一搭地聊天。

這名孕婦就是當年四十歲的我，一個在別人眼中的商場女強人。因為隱瞞了二度婚姻與懷孕的事實，偷偷跑到雪梨來待產。

之所以老是在一樓大廳逗留，是因為我害怕。**不是怕人，是怕沒人。不是怕看得見的，是怕看不見的：怕黑、怕鬼、怕孤獨**。只要天一黑，我就開始心慌。

白天我出去逛街，找朋友吃飯、聊天，甚至煲電話粥，但到了晚上，即使把室內燈全打亮，伴著窗外熱鬧的霓虹燈，仍覺得陰森森、毛骨悚然。我害怕會有一顆沒有臉的頭突然出現，也擔心窗簾後面會不會躲著一隻冤魂未散的鬼？

我不敢一個人住，但又不敢講，怕被人笑話。這麼沒膽，還算女強人嗎？日子在煎熬糾結中度日如年。

我也很困惑，因為我以前是不怕的。

小時候常喜歡一個人躲進蓊鬱幽暗的樹林子裡，玩莎士比亞《仲夏夜之夢》的遊戲，假想故事的情節，一點也不怕，沒人來打擾最好。

當記者時跑新聞，也常出差住旅館，無論在國內國外，都是自己單獨睡一房，從不和別人同房，免得被打攪。睡覺也習慣把燈關了，沒有光線才睡得沉。

但此時，進入四十歲中年的我，究竟為什麼天天害怕著夜晚來臨？

有一天，我到一家商場逛街購物，看到賣飾品的那一區，陳列著琳瑯滿目的耳環、項鍊、手鐲。大概因為是低價位的商品，所以就這麼擺著，讓客人隨意翻找，並沒有派專門的店員照料。

我看到幾個中意的，但找不到店員，必須直接到前面的櫃台去結帳。我心想：「管理這麼差，就直接拿走吧，又沒人看見！」偷竊的慾望升起，發出強烈的誘惑。

我被這個想法嚇壞了。心裡的良知弱弱地說：「幹嘛偷？你又不是沒錢。」誘惑的聲音大聲抗辯：「不是偷，是懲罰這家店的管理疏失。」誘惑總是這樣合理化人類貪婪的慾望。

我想起不久前一則新聞，著名女星在超商偷東西被抓包，偷的東西並不貴，她絕對付得起。但幹嘛要偷？原來是她生病了，患了精神障礙症。

「莫非你也生病了？居然也想偷！你知不知道，店員雖看不到，但上帝全都看到了。」心裡的良知又說話了。

「哈哈哈！上帝在哪裡？」誘惑拉著慾望的手，大聲嘲笑著。

的確，上帝離我如此遙遠，祂管得到我嗎？我怕的是店員、警察，我才不怕看不見的上帝呢！

「上帝就是天，你這樣不就是無法無天了嗎？」良知帶著微弱的聲音走遠了。

那次，我沒有偷，但不是因為良知，而是怕失手。

怕黑和偷竊慾都是我四十歲那段時間的心理狀態。但兩者之間有什麼關係呢？多

年以後，當我親近上帝，我才有了答案。

在〈創世記〉中，當人類順了自己慾望，悖逆上帝犯罪之後，**連鎖的反應就是遮掩、躲藏，並且害怕**。這是上帝創造人類時，就放在人性裡的自然反應。

他們一吃那果子，眼就開了，發現自己赤身露體；因此，他們編了無花果樹的葉子來遮蓋身體。那天黃昏，他們聽見主上帝在園子裡走，就跑到樹林中躲起來。但是主上帝呼喚那人：「你在哪裡？」他回答：「我聽見你在園子裡走，就很害怕，躲了起來；因為我赤身露體。」

——創世記3章7－10節

當時的我，偷吃了禁果，婚外懷孕，連鎖反應就是極力撒謊、遮掩、躲藏到澳洲，然後就是害怕。一如亞當夏娃。

心理學分析，害怕是一種缺乏安全感的現象，就像身體缺乏維他命C就會感冒一樣。為什麼會缺乏安全感？那是因為慾念氾濫，良知帶來的安全感就走了。

當年的我，沉浸在世俗的成功及成功帶來的物質豐裕中，心靈就遠離了上帝。當慾望變強，良知變弱，心靈更加空虛。心無主，沒了安全屏障，自然會害怕。

過度的害怕其實就是一種病，是心靈生病了。

這種病也不難解，**當我把上帝接回心裡做我的主，物慾降低、心靈增強，也就不再害怕了**。

證諸多年後，我曾一個人單獨住在空曠的豪宅，庭院四周樹叢漆黑一片，我也不害怕。黑夜不再令我心慌，反而讓我很享受，徜徉在那股靜謐與豐盛之中。星星一閃一閃，都像上帝在對我眨眼睛。

我不再害怕，我從害怕中被釋放了。你呢？你還會怕東怕西嗎？

你不要害怕，因為我與你同在；不要驚惶，因為我是你的上帝。我必堅固你，我必幫助你；我必用我公義的右手扶持你。

——以賽亞書（依撒意亞）41章10節

霸道公主病

公主病或許可以增加愛情的情趣，但對婚姻是有殺傷力的。具有好妻子、好母親形象的成熟女子，才是婚姻及家庭需要的典範。

兩個女人在聊天，此時電話響起，其中一個接起來電：「喂～」聲音還算甜美，但幾秒鐘之後認出是誰打來的，口氣就變了：「幹嘛？什麼事？」

對方說了些什麼，只聽女人說：「真是的，你不會如何如何嗎？還真不是普通的蠢……好啦，我知道了啦！煩不煩啊你……我掛了喔！」然後啪地掛掉了電話。

一旁另一個女人問：「誰啊？你這麼凶？」

女人洋洋得意地說：「全世界我只會對一個人這麼凶，那就是老公！」

另一個女人說：「他怎麼受得了你!?」

女人回答：「受不了就不要啊，當初可是他死命都要來追我的。既然要當愛情的俘虜，那就要心甘情願被奴役啊！」

另一個女人說：「那是他現在肯吃你這一套。等有一天不吃了，你就慘了。」

女人聳聳肩，以為這種事不會發生。誰知「囂張沒有落魄久」，不到兩年就發生了。這是在我第二段婚姻中所發生的事。那時的我，帶著一身嚴重的公主病。我因是獨生女，從小嬌生慣養，加上受瓊瑤小說影響，以為愛情中的女方就該被捧成公主。不健康的心態，加上婚前丈夫的追捧，都讓這身公主病十分嚴重。

公主病的人自我中心、性格驕縱；喜歡被照顧呵護，但照顧人的能力卻很差；寧當收取者，不當付出者；喜歡被追捧，卻又愛奴役追求者，不知珍惜眼前所有。現代社會許多人都有公主病。曾有日本畫家認為，台灣女生有百分之七十五的人都有公主病。

公主病其實是不利於婚姻及家庭的。妻子、母親都必須會照顧家人，而不是一味享受別人的照顧。我是一直到信主之後，才曉得在上帝眼裡的好女人與瓊瑤小說中的公主差距有多大，也才意識到公主病到底有多病態。

〈箴言〉所描述的才德婦女，才是成熟女性應有的形象，是好妻子、好母親的典範。你呢？還有公主病或王子病嗎？

才德的婦人誰能得著呢？她的價值勝過珍珠。她丈夫心裡倚靠她，必不缺少利益。她一生使丈夫有益無損。

——箴言31章10－12節

撒謊的不歸路

不是故意要撒謊，只是不想說——但是在重要的事情上隱瞞不說，後果比撒謊欺騙還嚴重，遠超出你所能掌控的範圍之外。

我的第二段婚姻並沒有公開。我不是故意要瞞騙，我只是不想說。在第一段婚姻結束後，我其實並不想再婚。但在第二任丈夫猛烈的追求下，有一天，我發現我懷孕了。

婚外懷孕不是一件光彩的事，我並不想讓別人知道。於是我偷偷到澳洲生產。我編了一個進修的理由，先在華爾道夫酒店住了一陣子，後來在雪梨租了間公寓，住下來待產。孩子的爸每隔幾星期就飛過來陪我幾天。

生產前兩個月，因擔心孩子身分「父不詳」，我們才在雪梨註冊登記結婚。沒有婚禮，沒有白紗，我穿著黑色大肚裝參加公證儀式。因排隊登記結婚的人太多，只有洋人視為不吉利的十三日還有空位，我們沒得選擇，就十三日吧。

孩子快出生了，台北的家人朋友都被蒙在鼓裡。少數在澳洲知情的朋友也為我擔憂：「到時你怎麼善後？紙包不住火，孩子不可能藏一輩子的。」

我反而安慰他們：「放心啦！我會擺平一切的，這點小事難不倒我。」**不知天高地厚的人，往往對自己掌控一切的能力有著莫名其妙的信心**。

孩子出生後，我找人幫我坐月子，滿月那天，就迫不及待帶著嬰兒飛回台北。

回到台北，我仍然不想公開我再婚和孩子的事。尤其當時的新聞圈和社交圈，婚外情盛行，大家總是強調「不要把私生活和工作混為一談」。幫同事隱瞞婚外情，是仗義；不八卦，是道德。大家事事隱瞞，都成了習慣。

而且我認為，隱瞞又不是欺騙，結婚、生子是個人私事，不想說不行嗎？只是身邊突然蹦出一個孩子，如何跟親友解釋？為了繼續隱瞞，我只好「不承認」這孩子是我的。我自稱孩子是朋友的，我只是幫忙照顧而已。我從生母變成了保母。

我開始撒謊，編一些故事。有一天母親問起孩子的身世，我隨便編了個謊說她阿嬤在屏東。又有一天，我編說她母親在高雄。

撒了一個謊，就必須撒一連串的謊來圓；隱瞞一件事，就必須隱瞞許多其他的事來配合。原只是一件小事，到後來膨脹成了大事。

謊話編多了，因為都不是事實，所以很難記得住，怕謊話彼此衝突會穿梆，我就在日記上記下每次謊言的大綱，作為以後圓謊的參考。一天又一天，撒謊變成了習

慣，成為下意識的反應。

從簡單的不想說，到刻意隱瞞，到天天撒謊，路程很短，但事情卻很快就變得異常複雜，我好像已經走上一條不歸路，回不去了。

瞞騙帶來的心理壓力與日俱增。我也曾思索該如何善後，但就是對自己掌控一切的能力很有自信，認為再複雜的事到我手上都能迎刃而解。

所謂「藝高人膽大」。**能力強的人固然較敢冒風險，但如果不知見好就收，那接下來就是挺而走險了**。結果很可能就是一敗塗地。

我的父母、孩子、兄弟、前夫、親友都是在幾年後，我第二段婚姻破裂且開始打官司的時候，才在錯愕中知道我再婚而且又離婚了，孩子原來是我的。而那時，我已失去了公司和所有的財產，已經一無所有，連撫養孩子的能力都有問題。

事情以難看的方式爆開，我根本無力掌控局面。不但傷父母的心，也讓他們為我擔憂。同時還要面對外界難堪的恥笑。

我才發覺，長久以來的自信是多麼不堪一擊，既無知又可笑。**我自以為可以掌控一切，卻被羞辱得一塌糊塗**。

後來，丈夫上法院申請離婚，爭取孩子的撫養權。他把我的日記全部呈給庭上，以此證明我並不承認有這個孩子，早就放棄了撫養權。同時也以此控訴我具有「不誠

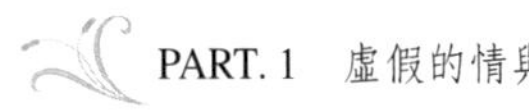

實」的人格，不適合擔任監護人。還指稱我所有的陳述都是謊言，不該被採信。

在講求「絕對誠實」的澳洲法院，這對我的打擊非常大。我真是百口莫辯，後悔莫及。以前的自以為是，到頭來證明只是搬石頭砸自己的腳，多麼諷刺！

栽了這麼大的一個跟斗，我終於學到：**人算不如天算！聰明反被聰明誤。機關算盡，到頭來不過是自陷網羅。**

不要以為不想說就能不說，在重要的事上隱瞞，後果比欺騙還嚴重。

你呢？還覺得仍然可以掌控一切嗎？

祂叫自以為聰明的中了自己的詭計，使狡詐人的計謀速速滅亡。

——約伯記5章13節

欺騙孩子的母親

欺騙是破壞信任的殺手，讓關係蒙上陰影、出現裂痕，非輕易可以彌補。

欺騙，是在玩弄別人的信任。一旦被揭穿，信任就沒有了。即使被原諒，信任卻不容易輕易恢復。夫妻關係如此，親子關係也如此。

在我第二段婚姻懷小女兒在雪梨待產的時候，很想念台北的兒子與女兒，那時他們一個十三歲，一個十歲。七月放暑假，我就把他倆叫來澳洲玩。那時離生產只差兩個月，肚子已明顯凸出。

雪梨的七月是寒冬，我去機場接機，刻意穿了一件黑色的長洋裝，外面罩上大衣，遮掩住凸出的肚子。

兒子一看到我，仍然大吃一驚，問我是不是懷孕了。

我神色自若地把在心裡演練了許多遍的台詞慢慢說出：「別亂講，我是在澳洲吃多了牛排和冰淇淋才發胖的。」

我指指旁邊一些澳洲胖女人，說：「澳洲有三寶：蒼蠅、肥婆，和醉酒佬。」

我自編、自導、自演，瞞住了兩個孩子，心裡頗為得意。以為天下沒有我搞不定的人與事。**但卻忘記了撒謊本身對關係的破壞力**。

兩年後，我第二段婚姻破裂，整件事情曝光，兒子女兒才知道他們居然還有這樣一個妹妹。

只是這麼輕易就被騙過，讓他們自信心頗受打擊，對母親的信任感也大為折損。讓他們在剛到雪梨異鄉求學的少年歲月，平添了幾許充滿疑慮的不安全感。

小女兒的撫養權官司在雪梨家庭法院進行時，有一次，在法官面前進行交叉詰問，對方的狀師問我：「你兒子的智商如何？在學校成績如何？」

「我兒子智商很高，在學校成績很好。」我得意地回答。以為有這樣優秀的哥哥，對爭取小女兒的撫養權有加分的作用。

「你大女兒的智商如何？在學校成績如何？」

「我大女兒智商也很高，在學校成績也很好。」我依舊很得意。

這位狀師於是說：「你承認懷孕後期曾和兩個大孩子同住，卻又聲稱他們並不知道你懷孕。那只有兩種可能：不是他們白痴，就是你撒謊。」

我一時語塞。我自以為得意的謊言竟然讓自己兩個聰明的孩子被譏為白痴，真是諷刺！

撒謊是瞬間的痛快，卻會造成難以彌補的傷口。誠信破產之後，要付上沉痛的代價，花上數倍的時間精力都未必能挽回原來的信任感。我和兩個大孩子間的親子關係，也因此蒙上了厚厚的陰影。

其實對被騙的人來說，也很不公平，會在他們心理投下一股不安全感。種種負面的想法在他們心中盤旋，如「會被騙，是因為你太相信」、「不要輕易相信別人，即使是自己的親人」。

這些負面想法若無法得到合理舒緩，就形成冷漠、疏離、多疑的人格特質。對人際關係形成另一種破壞。「一朝被蛇咬，十年怕井繩」，他們受傷的心理，實非短時間可以復原。

欺騙孩子，後果會反噬回自己身上。誠實，還是最好的策略。

你呢？你欺騙過孩子嗎？

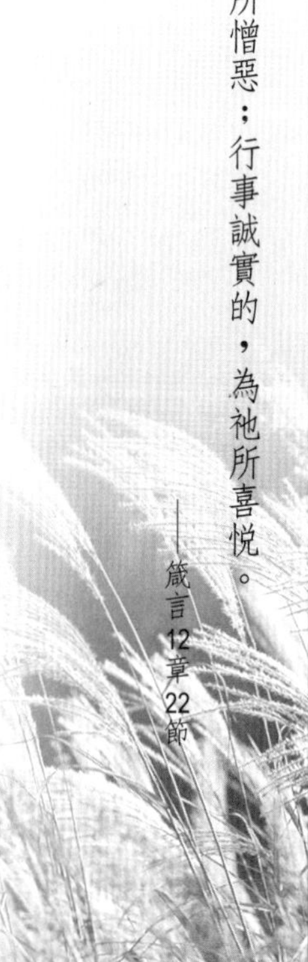

說謊言的嘴為耶和華所憎惡；行事誠實的，為祂所喜悅。

——箴言12章22節

PART

2

掙脫罪惡的婚姻

是上帝來找我的，不是我去找祂。祂不忍看我墮入罪的淵藪，主動伸手搭救我。

祂原可以「任憑」我墮落下去，但祂愛我，用父親的心腸來管教我、解救我。

我遭受的苦難都是祂容許的。因為唯有經歷苦難，才能使我與罪隔絕；也唯有透過苦難，我才能真正看見祂。

那賜諸般恩典的神曾在基督裡召你們，得享祂永遠的榮耀，等你們暫受苦難之後，必要親自成全你們，堅固你們，賜力量給你們。

——彼得（伯多祿）前書5章10節

無聲的陷阱

撒但攻擊人不可能一掌即斃，災難降臨前總有蛛絲馬跡。人生處處皆陷阱，但人們總是忽略它的存在，以致災難來臨措手不及。

夫妻共事、公私不分，是造成婚姻破裂的陷阱。從我和第二任丈夫合夥開公司做生意起，我們就掉進了這個陷阱。當我懷孕躲到澳洲待產，公司業務全授權給丈夫掌理，破口就出現了。

當一個人獨攬大權，絕對的權力會誘發貪婪的慾望，為豺狼野心製造機會。

他兩度要我去遊說股東們同意實際上有損股東權益的交易，他說：「你是我太太，我賺錢就等於你賺錢，你一定要幫夫啊！」

第一次，我配合了。第二次，他先斬後奏，我雖不高興，但還是幫他善後。後來他食髓知味，又來第三次。這次我堅決不配合，他動怒了，說：「你到底是不是我太太？你這樣胳膊往外彎，根本就是不愛我！」

見我仍不屈從，他乾脆運作解除了我董事長的職務，甚至以我名義開出巨額支票，讓我背負龐大債款，用來查封我的私人財產。

事情早已超出我所能控制的範圍，當初是我自己授權給他的，夫復何言？

也不是說夫妻就一定不能共事。但是兩個性格都強的夫妻最好有自知之明，避免共事。免得簡單的事複雜化，意見不合演變成衝突糾紛，造成關係破裂。

夫妻在辦公室裡公然吵架、動粗，因此走上離異的比率非常高。許多大企業也會規定夫妻不可在同一家公司任職，恐怕方便帶來隨便，造成公私不分。

另一個導致婚姻破裂的陷阱，是我們複雜的金錢往來關係。

他當時做資金放貸的業務，我把所有積蓄交給他以賺利息。只是，資金交給他以後就難收回了。曾有幾次想收回，他都勸我：「我的就是你的，你錢存在其他地方都沒有比存在你老公這裡來的保險又好賺。」我心想也有道理，也就不了了之。

婚姻破裂後，我的資金就更別想取回了。

夫妻複雜的金錢往來犯了婚姻和諧的大忌。讓自己不斷處在「錢重要，還是情重要？」的糾結中，進退兩難，一再挑戰婚姻的底線。

夫妻本是一體，一般也認定夫妻財產共有，要明確區分「我的錢」或「你的錢」，實在扯不清。這是一個法律的灰色地帶，永遠公說公有理、婆說婆有理。

結婚之初，你儂我儂，總不介意財產的區分，但這就像掉進一個無聲的陷阱，剛

開始，或許不覺得有什麼，然而就像溫水煮青蛙，等發現不對勁，早已無力掙扎或抵抗，災難已經來臨了。

也不是說夫妻就絕對不能有金錢往來或共有財產，只是財產較多或較複雜的夫妻，就應先簽訂婚前協議，或委託仲介、或交付信託，避免掉入這個陷阱。

上帝設立的婚姻本質是彼此相愛，感情最重要，其他事業、金錢都不該凌駕其上。夫妻關係越複雜，越難維持感情的純粹，簡單化才是上策。尤其兩個心靈不夠健康的夫妻，婚姻更是應當維持越單純越好，否則處處皆陷阱。

你呢？你的婚姻存在著陷阱嗎？

歪曲的人路上有荊棘和羅網，保護自己生命的，必要遠離。

——箴言22章5節

猜疑的影子

撒但要破壞一段關係，就把猜疑的種子撒在人心中，讓它生根，產生蝴蝶效應，無限制地連鎖發酵，讓人失去相信的能力，終至關係破裂。

有一次，我第二段婚姻生的小女兒學著第一段婚姻生的哥哥姐姐，叫她爸爸為「叔叔」，引起丈夫勃然大怒。

以前一笑置之的小事，那次卻引起軒然大波，丈夫甚至威脅要讓小女兒的哥哥姐姐都改姓，叫他「爸爸」。

那時我們因公事發生衝突，他猜疑我對他有二心，說我根本不愛他。

當猜疑生了根，所有事情都會扭曲到變形。

丈夫開始想像：「一定是你前夫恨我要報復我，所以和你聯手要毀掉我。」他偷偷對我電話錄音，跟蹤我，要求司機向他彙報我去過哪些地方。

當他對我經濟封鎖，我困窘之下向前夫收取兩個大孩子的撫養費，這個舉動讓他對我產生更多的猜疑，認為我與前夫藕斷絲連，意在復合。

猜疑的種子落在生病的心靈裡，就找到了成長的沃土，會掀起蝴蝶效應：搧一搧蝴蝶翅膀，就造成幾千里外的龍捲風。疑心病，就是撒但得逞的記號。

當他對我家暴，我取得臨時保護令，他要求我撤銷，我遲疑了一下，他就開始想像：「你不願意撤銷，顯然就是要幫前夫報復我，你們就是想復合。」

後來我撤銷了，但他已無法相信。不只不相信，還是認為我和前夫意在他的財產，因此注定了日後一連串爭產訴訟。

當時我前夫已然再婚，也另有了孩子，在得知這個狀況後，也寫信向他解釋我們不可能會復合，但他就是無法相信。

當猜疑發酵，就讓人失去了相信的能力。沒了信任，猜疑就變為猜忌，帶來關係破壞及無窮的災難。

撒但是用猜疑來破壞關係的，我們從聖經〈創世記〉裡，就已看到牠的做法。

在伊甸園裡，所有的關係原本都是彼此信任的。人與上帝、人、動物、環境都互相信任，關係和諧。那時候人是吃素的，並不殺生；動物也不傷害人類。

但是撒但要破壞這一切，牠攻擊人與上帝的關係，把猜疑的種子先撒在夏娃的心裡，化成蛇對女人說：「上帝豈是真說，你們不可吃園中任何樹上所出的嗎？」（創世記 3:1）

本來理所當然的事，一有了猜疑，就變質了。當信心不足，就犯罪了。

當猜疑生了根，罪就進入人類，人與上帝的關係遭破壞，接著人與其他人類、動物、環境的關係都陸續被破壞了。

猜疑，是一個警訊。人倫關係如夫妻、親子、朋友、兄弟姐妹間若出現猜疑，就知中了撒但的攻擊，必須及早因應解決，莫讓原本誠實互信的關係遭到破壞。

也不是說人際關係間就不能有合理的懷疑，但這和猜疑不同。合理的懷疑會得到誠懇的解釋與釋懷的答案；若是得不到或難置信，仍有猜的空間，就成了猜疑。

有時撒但的攻擊格外凌厲，眼見猜疑無限擴大，就只有尋求聖經的真理與上帝的幫助才能解決。**上帝，是所有關係的歸宿；是一切疑惑的答案**。

你呢？你的人倫關係中出現猜疑的影子嗎？

只要憑著信心求，一點也不疑惑；因為那疑惑的人，就像海中的波浪被風吹動翻騰。

——雅各書1章6節

愛與暴力

施行家庭暴力，是一種心理疾病。愛他，就要讓他得醫治，而不是一味地受虐與毫無意義的忍耐。

我的第二段婚姻，在孩子出生後到正式分居前的兩年多時間內，經歷了多次家暴，包括肢體家暴、經濟家暴，與精神家暴。

第一次遭到家暴是在小女兒出生後兩個月，我和先生要去買孩子的嬰兒床，因意見不合在車內吵嘴，他反手就甩了我兩個耳光。我氣到哭。他自己也嚇住了，連連道歉說：「我也沒想到自己會這麼控制不住。我保證以後絕不再犯。」我雖生氣，但和他冷戰幾天也就原諒他了。

第二次是數個月後，我因胃痛躺在床上，他逼著我起身去看醫生，我不肯，他持續催逼，我怪他霸道，雙方起了口角，我提到前夫就不會像他這樣霸道，這下打翻了他的醋罈子，劈里啪啦連續搧了我八個耳光。

我氣起來與他對打，並打電話報警。警察來了，把他帶離開家。隔天，在朋友協調下，他寫下悔過書，再次承諾不會再犯。我也就讓他回家了。

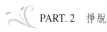

肢體家暴其實是一種情緒失控的現象，寫悔過書是沒有用的。悔過書只能約束情緒能自制的人。面對情緒控管不好的人，如果自己也情緒化，出言相激，那真是「討打」。最好是迅速離開，避免暴力衝突，否則不是打人就是挨打。

情緒失控現象若沒能獲得緩解，家暴是不會自動消除的，反而有可能成為習慣，甚至變本加厲。有一有二必有三，很難自動改善。

果然，我接下來遭到的家暴更加密集且更不堪，身心都受到創痛。此時家暴已然升級了，已不僅僅是情緒失控而已，已經到了以凌虐我為樂的地步了。

我也曾因家暴取得警方的保護令。但老實說，保護令未必真能保護安全。如果雙方仍居住在同一屋簷下，其實最好放棄保護令。曾有案例，妻子拿到保護令，當晚就被盛怒的丈夫殺了。婦女拿到保護令若不敢回家，可以到社會局辦的「避難中心」暫時居住。

保護令也不能保護婚姻，反而經常是婚姻破裂的催生劑。保護令可以一時嚇阻肢體家暴，卻可能引來更慘的精神家暴與經濟家暴，讓婚姻走上破裂之路。因為堅持要取得保護令就表示無法信任對方，而信任是婚姻的基本要素，沒有信任，婚姻很快就瓦解了。

經歷過這麼多次家暴，對我而言，過程十分煎熬。然而，施暴的他心裡難道就好過嗎？其實恰恰相反。他比我更紊亂、更無助、更不知該如何是好。

因為沒有辦法解決問題，也不知道要如何解決問題，只好採取暴力。經濟家暴的施暴者也是因為心靈無所依靠，錢是唯一僅有的，所以用錢來操控。

有一次我發現他把家裡的隔間配置圖傳真回台灣，去算命卜卦，花大把大把的錢要風水師幫他改運。

每晚睡覺，他都要把床頭櫃抵住房門，把一根長長的木棍放在床邊，才能入睡。內心的空虛、惶恐、缺乏安全感，已然非常嚴重。心裡無所依靠，只有死命抓住錢。連命運都想用錢來操控，何況操控人？

會家暴的人本來就是操控慾較強、自制力較差的人，若再加上心靈疾病，內心的煩躁、紊亂，其實是很可憐的。

心病須用心藥醫，**最佳的良藥是愛**。讓施暴者在愛中化解敵意，接收善意，方可收醫治之效。宜鼓勵對方參加一些愛的團體或小組，進行「團體醫治」。

常見許多教會人士勸家暴受害者要用愛心去包容配偶的暴力，不論如何就是要忍耐再忍耐。甚至有一種說法：「萬一真的被他打死了，上帝也是會祝福你的。」

這種論調實在讓人難以苟同。沒有意義的忍耐絕對不是愛，愛需要智慧。

愛他，要懂得迴避，給他時間和空間恢復自我控制能力。一味忍耐是沒有意義的，反而會讓他成了習慣，把你當成情緒發洩的出口，一再施暴。

愛他，要讓他得醫治。但你並不適合扮演醫治的角色。施暴者常沒有病識感，直接點破只會讓他反感並提高敵意。你說他病了，他一定說你才有病。凡事他都是對的，錯的是你。

愛他，要懂得保持距離，避免正面衝突，暫時分居常是必要的。在他敵意未消之前，必須先保護好自己，才能回頭醫他。

你呢？還一直在勸受虐者忍耐嗎？

「休妻的事和以強暴待妻的人都是我所恨惡的！所以當謹守你們的心，不可行詭詐。」這是萬軍之耶和華說的。

——瑪拉基書（馬拉基亞）2章16節

北風式的愛

處理人際關係，缺乏信心的人總採取逼迫懲罰的手段，像北風。有信心的人會用情感軟化的方式，像太陽；孰勝孰敗，其實一目瞭然。

有一次，我和先生吵架，離家出走。其實不過就像一般夫妻吵架，太太回娘家一樣。那時孩子才兩歲半，為了照顧她，我必須帶著她走。

先生回家看不到我和孩子，很生氣。他的處理並不像一般人把太太哄回去，而是想辦法要懲罰我。他沒有來接我們回家，而是先去找律師，想辦法對付我。

律師給他意見：「你太太不可以拒絕你看小孩。你應該上法院提告。」

他立刻委託律師提出告訴。不單請求探視小孩，更要求單獨的監護權。

開庭時，他看我一直傷心地哭，知道我並不想離婚，於是來要求我們回家。

我對他說：「你先去法院把告訴撤回，我們就跟你回去。」

我想回去，但不希望在他脅迫之下回去，我希望在他甜言蜜語之下回去。

但他遲遲沒有行動。雖然他不斷催促我們回去，卻拖著不肯撤訴，擔心一旦撤訴，就喪失了箝制我的利器。

我遲遲等不到他撤訴，我們又吵了起來，我更加堅持不肯就這樣回去。於是他進行第二道懲罰，凍結我的信用卡和銀行帳戶，對我進行經濟封鎖。我生氣地質問他：「你口口聲聲說愛我，要我們回去。但你的行動卻怎麼恰恰相反，還斷我的經濟，這不是矛盾嗎？」

他卻說：「你沒錢自然會回家，在外面太舒服了就不肯回家。這沒矛盾啊！」

最後，我是在他撤訴之後回去的，但已感受不到愛。因為猶豫延遲的行動，呈現的只是懲罰的氛圍，把愛都磨掉了。

本來可以一星期就解決的問題，搞了好幾個月。

伊索寓言故事裡，北風與太陽較勁，看誰能讓旅人脫下外套。北風越用力吹，旅人把外套抓得越緊。太陽放送溫暖與熱情，旅人一下就脫了外套。

真正的愛應該像太陽，放送溫暖熱情；不是像北風，採取逼迫壓制的手段，動不動就施以懲罰。

然而許多人處理人際關係，不論是夫妻、親子、兄弟、朋友，卻常常錯誤地採用後者，尤其是缺乏信心的人，更易如此。

缺乏信心，易患得患失，操控慾強，就專制、霸道、獨裁，造成權威人格。

我們常聽到如下懲罰性的對話：「你再不聽話，我就如何如何……」、「你不這樣做，我就如何如何……」

愛應該是包容，不是懲罰。

懲罰成習，愛就遠離了。

你呢？你處理人際關係，是北風？還是太陽？

愛裡沒有懼怕，愛既完全，就把懼怕除去，因為懼怕裡含著刑罰；懼怕的人在愛裡未得完全。

——約翰一書4章8節

為什麼是我？

苦難是化妝的祝福。上帝要給人祝福，先藉苦難使人謙卑，因為上帝的祝福要在謙卑柔軟的土壤中才能發芽。

婚變為我帶來極大的苦難。使我事業、財富兩空，孩子失散，前途茫茫！這些苦難差點令我崩潰，甚至企圖自殺。這條路，我差點走不下去。

每一個遭遇苦難的人，第一個念頭多半是：「為什麼是我？」我也不例外。我也這樣問上帝。

上帝慈祥地回答：「因我要賜福予你！給你祝福！我要熬煉你，好使用你。」

我半信半疑：「現在就可以給我祝福啊，為什麼要等經過苦難後才給我呢？」

上帝說：「因為你沾染了世俗的罪，叛逆又傲慢，現在就給你祝福，你是接不住的。要經過苦難，學會了謙卑，才能接得住。」

我不樂意地說：「但是苦難太苦了，就算到頭來是祝福，我也不想要！」

上帝嚴肅地回答：「不行！你是我揀選的。這就是天命！」

這就是上帝的揀選，祂定意要做的事，人想逃都逃不掉。

不經一番寒澈骨，哪聞梅花撲鼻香？孟子也說：「天將降大任於斯人也，必先苦其心志，勞其筋骨，餓其體膚，空乏其身……所以動心忍性，增益其所不能。」

苦難最終能不能成功轉變為祝福，關鍵就在於人能不能謙卑。

這個謙卑並不是對事的唯唯諾諾，不是對人的卑躬屈膝，而是對上帝的謙卑，對天意的順服；謙卑認命，接受上帝的鍛鍊。

其實，上帝原意是要賜福給我的，但是「老我」（過去那個敗壞的自我）擋在那裡成為絆腳石，阻隔了上帝給我的祝福。上帝只好把我送進訓練營去受集訓，訓練營裡充滿了磨人的苦難，都是用來鍛鍊人的。等集訓完畢，「老我」被更新，障礙消除，就順利領受到上帝的祝福了。

順服就必蒙福。能夠對上帝謙卑，才能順服天意，上帝所賜的祝福也才能生根發芽。謙卑，使苦難終於成了祝福。你呢？你對上帝夠謙卑嗎？

然而祂知道我所行的路，祂試煉我之後，我必如精金。

——約伯記23章10節

上帝說了算！

是上帝主動來找人，不是人在挑上帝。

在婚變的苦難中，一位牧師前來關懷我，帶我上教會。這是我人生轉運的關鍵。人的盡頭，就是神的開始。

在婚變之前，我和丈夫一起參加佛教慈濟功德會，動機並非修行，其實有點沽名釣譽，但也結識了不少朋友。兩人既然離異，我想最好把彼此的朋友圈區隔一下，避免尷尬，那慈濟功德會就留給他去好了，我避開吧。剛好牧師邀我上教會，那就去看看吧，重新認識一些朋友也好。

表面看起來，是我自己刻意做的選擇，挑上了教會；實則不然，我只不過是想區隔朋友圈，想交交新朋友而已。

多年以後，上帝藉著一樁事，讓我大悟：**原來是祂找上我，並不是我找上祂**。

有一次到吉隆坡演講，主辦單位安排我住在一家非常有氣質的旅館。旅館的每間房都有自己附屬的露天後花園，連接著浴室，每逢下午陣雨，可以在

群花叢中淋浴，一如童話故事裡的花仙子。我非常喜歡這種浪漫的設計。這麼棒的旅館，住房率並不高。我心想，一定要介紹朋友來住，讓他們生意更旺些。於是去向櫃台索取簡介。

沒想到櫃檯服務員說他們並沒有印製簡介。我那時滿腦子企管思想，忍不住向服務員開講起來：「做生意要懂宣傳，企管學第一章教 4 P，其一就是 Promotion——宣傳。不自我介紹，誰知道你們啊？」我滔滔不絕發表高論，像老師在教學生。

服務員禮貌地聽我講了一陣子，才告訴我：「我們基本上是不對外營業的，只接待老闆的朋友。所以住這裡的旅客都是老闆的貴賓。」

我一下愣住了，頗為慚愧，但也很高興。高興自己入選為貴賓，也慚愧自己真是自以為是，大放厥詞地賣弄，差點鬧笑話。

我一副消費者心態，認為是在幫它拉生意，可是人家根本不在意，想花錢來住還未必進得來，要老闆首肯才能作數。是老闆說了算，不是顧客說了算。

當晚上帝的話就臨到我：「你認為我的國度是你想進來就進得來嗎？」

我這才明白，是祂揀選我進祂的國度，表面上看起來，是我自由意志下做的選擇，其實冥冥中祂早有安排，是祂在幕後指揮一切，讓事情按祂的旨意發生。祂是讓「萬事互相效力」的神（羅馬書 8:28）。

人們總以為是人在尋找宗教，其實是上帝主動來找人，找祂所揀選的人進祂的國。祂的國，要祂說了算！

以前我總以為我的命運是靠我自己主導，其實真正的主導權在上帝手上！我的生辰、我的出世、我的父母、我的髮膚、我的血型，都是祂在決定，而不是我。

早在母腹中，祂就已揀選了我。看我悖逆迷失，祂為我焦急；我遇到苦難，祂出手相救，像尋找迷途羔羊那般把我尋回。祂一旦揀選我，就為我負責到底。

在我經歷苦難、接受磨練的時候，也曾有過抱怨，想拒絕祂為我設定的道路，想從命運中逃跑，卻一點也由不得我。**天命沒得你自由選擇。你只有順服或不順服的選擇，沒有要不要的選擇**。

順服就蒙福，不順服就滅頂。順天者昌，逆天者亡。這是上帝所定的律。

你呢？你找到祂要你走的道路了嗎？

自我出胎，耶和華就選召我；自出母腹，他就提我的名。

——以賽亞書49章1節

寧可失去，不要妥協

有好的品德才會有好的婚姻。沒有品德的婚姻，即使失去，也不可惜！充滿罪惡的婚姻，寧可失去，也不要與罪惡妥協。

在我遭受婚變打擊的時候，一位具有婚姻輔導經驗的牧師來關懷我們的婚姻。後來我們夫妻經常找牧師。發生暴力衝突，找牧師。吵架，也找牧師。牧師發現我們兩人的心態都有偏差，心靈都生病了，請我們去參加教會。但是我們都沒有去。一來怕給人看笑話，二來因那時我們都還是慈濟功德會的會員。於是牧師邀請我們參加在他家舉辦的「心靈成長班」。我不好意思推拒，就參加了。但是先生並沒有參加。

這個心靈成長班是免費的，有點像一般的教會小組，每星期聚會一次，討論生活話題，讀段經文，然後禱告。牧師每次都用心理學的角度來引導大家討論，激發我們一些思考，也匡正我們一些錯誤的觀念。當然也介紹上帝讓我們認識。

幾次聚會之後，我就看到了自己心態上的一些陰影與黑暗面，看到了我品格上的

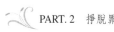

缺點：奸巧、虛榮、勢利，越看見就越慚愧。逐漸地，我萌生了悔改的心。

聖經的話具有極大的功效，讓人像照鏡子一樣照出自我的汙穢。唯有看到骯髒才會清掃，知罪才會悔改。

尤其是在婚姻方面，我看到了自己的自我中心、對丈夫的不假辭色、性格中的大女人主義、生活中的公主病，還有貪慕虛榮的愛情觀。我開始有點懊悔了，我願意聽從牧師的教導，修正我對丈夫的態度，我願意對他好，我願意學習做個溫柔體貼的好妻子，我願意挽救我的婚姻。

我心想：這位牧師是婚姻輔導專家，肯定是上帝派他來挽救我的婚姻。我心生感恩，對挽回殘破的婚姻，充滿了期待。

一般人透過心靈成長的訓練，大多數都會改變自我，進而讓婚姻獲得改善。但奇怪的是，我的婚姻並沒有好轉，反而更加岌岌可危。

一方面是因一個銅板不會響，婚姻的改善需要兩個人努力，起碼一個做，另一個要懂。另一個方面是因心靈成長班讓我的良知覺醒了，看到我們夫妻在生意上的一些作為，以前不覺得有什麼，覺醒之後，就百般不願再遷就。

之前良心也曾有過譴責，但心裡卻充滿了姑息：「這是你第二度婚姻，還是別搞砸了吧，別讓女兒沒有爸爸。」**當姑息的聲音蓋過良知，就妥協了**。

但心靈成長班讓我越來越不肯與罪惡妥協。我學到「不要在別人的罪上有分，要保守自己清潔」（提摩太／弟茂德前書 5:22）。只是我才剛學習要對丈夫包容、忍耐，卻又不願再與罪惡妥協，內心真是十分掙扎。到底是婚姻重要，還是品德重要？我應該先挽救婚姻？還是品德？

上帝不喜歡離婚，但更厭惡罪惡。祂挽救了我的品德，卻沒有挽救我的婚姻。我罪惡的婚姻已病入膏肓，來不及挽回了。這也是上帝保守，讓我從此躲過試探。

罪惡的婚姻，寧可失去，也不要妥協。

如果你的另一半出現罪行，如嫖妓賭博、暴力相向等，應極力勸導悔改認罪，並尋求醫治。如果實在無法改變，即應壯士斷腕，讓自己離開罪惡。否則拖到病入膏肓，婚姻仍難挽回。

你呢？你的婚姻是否有好的品德？

若是你的右手使你跌倒，就把它砍下來，丟掉。寧可失去身體中的一部分，也不讓整個身體下地獄。

——馬太（瑪竇）福音5章29節

傷心的限度

上帝救我脫離凶惡的第一步，是教我做「情緒控管」，對負面情緒叫停！

〈主禱文〉（天主經）裡有一句：「不叫我們遇見試探，救我們脫離凶惡。」上帝救我脫離兇惡的第一步是教我做情緒控管，對負面情緒叫停，讓我不致在苦難中滅頂。

苦難忽然臨到，讓我痛不欲生，短短幾個月，我就失去了所有曾讓我得意、讓別人羨慕的東西。公司沒了、錢拿不回來、女兒也快沒了。前途一片茫茫。

有一次，女兒又被丈夫抱走，並威脅我說：「把女兒監護權簽給我，否則別想看到她。」我意識到要看女兒有多麼困難，可能永遠也找不到她了。一想到這點，我的心就止不住地抽搐。躺在床上，覺得一陣呼吸困難。

我興起自殺的念頭。與其這樣被凌遲而死，倒不如自己快速解決算了。

我想開瓦斯自殺，弄了半天瓦斯爐，就是不知道該怎麼做才可自殺。

我已經連續被折磨將近十個月了。吃不下、睡不好、身體非常虛弱。我一哭，整個人就幾乎窒息，連走動的力氣都沒有。我淚已乾，心中充滿挫敗感，現在連一個小小的瓦斯都要落井下石來戲弄我，讓我更加萬念俱灰。

恍惚中，我突然記起牧師教我的禱告，我無助地呼求，叫著「天父」。我向祂說：「天父，如果真的有祢，就讓我找到瓦斯開關，讓我自殺吧！」

這時心底有一個微小的聲音響起：「你還真是嬌生慣養，連開瓦斯都不會。」

我說：「我的確很失敗。但現在都不重要了，我只想順利死掉，一了百了。」

那個微小的聲音又說：「你這樣傷心下去就快死了，何須開瓦斯？」

我說：「我沒法不傷心，我已失去一切，現在眼看又要失去女兒了。」

那個聲音說：「你不是會做股票嗎？當股價直直落時，應該怎麼做？」

我回答：「應該設一個『停損點』，當股價跌過這個點，就拋售。」

那個聲音說：「那你就替你自己的心設一個停損點啊。」

我說：「我可以決定股票跌到哪裡叫停，但沒法決定我的心傷到哪裡叫停啊？」

那個聲音說：「以前不行，但現在你可以了。」

人無法控制自己的喜怒哀樂，但藉著聖靈（聖神）的力量，就可以為傷心停格。

說也奇怪，就在那時，我感覺到傷透了的心真的就停在那個位置，不再向下直落了。我感覺到一股力量，把碎成片片的心輕輕托住，飄飄然像是在作夢。

恍惚中，我好像進入一個超越生死的境界，那裡沒有痛苦，沒有傷心這種東西。

我似乎找到了控制情緒的開關了。原來，情緒管理就是這麼回事！**把負面情緒停住，身體的其他知覺才能恢復正常運作，理智才能開始思考**。我的腦袋好像活過來了，開始能冷靜思考到底該如何脫困了。

那次之後，我再傷心都有了個限度。遇到再壞的消息，也都能及時對負面情緒叫停，不再像廢人那樣只會窩在床上哭泣，也不再無限制耗損我的元氣了。**當情緒控管操練成了習慣，人會變得更堅強勇敢，不再受憂鬱的困擾**。

我回想與我對話的那個心底微小的聲音，祂是我的救命恩人。我起初解讀祂就是我自己心中的「良知」。苦難讓我謙卑，開始聽得到良知的聲音。

信主多年以後我才明白，心底那微小的聲音就是聖靈，是三位一體的上帝。上帝在造人之初，就把良知賜給人類。祂常透過良知向人說話，尤其是對未信者。

當人心懷傲慢，自以為是，就聽不到祂的聲音。**當人謙卑下來，就聽到了**。

這是我第一次聽到上帝的聲音，祂教我情緒管理，把我從自殺邊緣救了回來。你呢？聖靈曾經提醒你做好情緒管理嗎？

治服己心的，強如取城。

——箴言16章32節

為過去劃下句點

對舊的世界徹底絕望，才能讓新的世界開始滋長。只可惜人們總是像羅得（羅特）的妻子，手扶著犁卻頻頻向後看。

我的第二段婚姻，其實我並不想離婚。我仍然眷戀著先生追求我的那十年虛榮歲月。但上帝要我和敗壞的過去劃清界線，祂逼著我劃下句點。

理智告訴我，我們的婚姻從一開始結合就是錯的。已經有悔改心的我和絲毫沒有悔改心的他要和平相處，肯定很艱難。只是我仍然捨不得放棄過去的榮華富貴。

有時候上帝給的警示已經非常明顯，但人總是被眷戀綑綁，無力自拔。

那時，我已放棄公司的管轄權，也不想再賺錢，只想拿回本金就算了。有一次，我去和先生商量此事，沒想到他想賴帳，想把我手中的借據要回去。我不肯，他暴怒。我嚇得起身離開，在等電梯時，他追了出來，大聲叫罵。那張因盛怒而扭曲的臉，在燈光反射下，讓我連打了幾個寒顫。

他動手搶我包裡的借據，凶狠地把我從電梯口拖回公司。他發瘋的身影極其恐

怖，被拖行的我一身狼狽，嚇得哭喊大叫，公司的人才跑出來制止他。

我腦中浮起剛剛看到的那張令我害怕的臉，我感覺他已被魔鬼入侵了，才可能做出這樣的事。

不久之後，我鼓足勇氣再去公司找他。那時，他已帶走女兒不讓我接觸，連講電話都不行。我請朋友向他求情，都被拒絕。公司裡的員工也沒人敢幫我的忙。

我決定最後一次去乞求他。我走到他面前，當著所有員工向他下跪，流著淚哀求他說：「請你讓我看看女兒，一小時也好。你若不放心，可以在旁邊監視。」

他不理睬我，任由我不斷哭求；臉上帶著勝利的微笑，似乎很享受我的卑躬乞憐。

不久，他站起身來走出去。我抬頭望了他一眼，但那一眼，把我嚇住了。和上次一樣，我又看到了那張臉，對我來說猶如魔鬼一般，帶著冷酷的殘忍，令我害怕。

我不可置信地望向他走出去的背影，當年那個苦苦追我的羅密歐已經死了，魔鬼真的攫走他了。在我面前的根本不是他，而是邪惡的撒但。

回去後我接到他寄來的離婚協議書，已擬好條件，等著我簽字。孩子、公司、房子、財產都是他的。他說：「如果想拿回你的錢，就把女兒給我，簽字離婚。」

要錢還是要孩子？這是撒但拋出來殘酷的勒索。

如果不是意識到撒但伸出的魔掌，我可能就把孩子給他了。但我怎能讓孩子落入

黑暗的權勢？拚了命也要讓孩子遠離。

如果不是因為這是一場屬靈的爭戰，我可能還想保住破敗的婚姻。上帝知道我的軟弱，藉此讓我省悟過來，免得我像羅得的妻子那樣滅亡。

聖經裡記載了一個故事，在上帝要毀滅所多瑪城的時候，祂派了天使去救羅得和他的家人。天使催促羅得和他太太及兩個女兒趕緊逃命，領他們到城外，吩咐他們說：「逃命吧！不可回頭看，也不可站住，要往前逃跑，免得被剿滅。」（創世記19:17）但是羅德的妻子眷戀所多瑪的繁華，忍不住回頭張望，就變成了一根鹽柱。

我捨不得過去的虛榮，還想挽回婚姻，躊躇著如同羅德的妻子。是上帝的憐憫，讓我意識到黑暗權勢的可怕，才省悟過來趕快逃命，沒有變成鹽柱。

唯有對舊的世界徹底絕望，才能迎接新的世界，讓新的生命開始滋長。是上帝親手為我的過去劃下了句點，讓我揮手向舊世界說再見，那個看似繁華卻充滿邪惡的舊世界。我從此不再留戀過去，可以心無旁騖奔向嶄新的生命了。

你呢？還在眷戀過去及老我的一切嗎？

耶穌說：「手扶著犁向後看的，不配進上帝的國。」——路加福音9章62節

母親的愛，刺痛的心

親子分離是母親最煎熬的痛。被刺透的心卻因此一夕成長，公主病就此治癒。

在婚變的災難中，最讓人難以忍受的就是與孩子骨肉分離。每次找不到孩子，都讓我經歷錐心之痛。

丈夫是把「隔離我們母女」作為控制我的工具。動不動把她抱走藏匿，讓我抓狂，再和我談條件；我若不屈從，就不讓我接觸孩子，以此折磨我。

有一天晚上，他又要把孩子抱走。我不肯，便擋在門口。他開始動粗，連推帶擠，咆哮嚇人，把兩歲半的孩子也嚇著了。我趁機抱起孩子躲進臥房，把房門反鎖。他氣得在門外大罵，一直踢門、撞門，把房門踢出一個洞。

我把孩子抱在懷裡，輕拍著她，不斷在她耳邊唱歌。但她仍然非常不安，夢囈式喃喃唸著：「媽媽！貓咪！摸摸！」因為當天下午我才帶她到朋友家玩貓咪，她似乎想要抓住美好的回憶，忘掉不該看到的這一切。

我請朋友來協調，丈夫趁機溜進臥室反鎖。隔天早上醒來，我已不見他和孩子蹤

影。他把孩子帶到澳洲，但等我也飛返澳洲，他又故意提前一步離開，讓我撲了個空。這樣一次又一次和我玩著「捉迷藏」。

他花盡心思藏，我緊追不捨捉；但次次撲空的失落感，讓我跌入深深的憂鬱中。又有一次在台灣，他再次把孩子帶走，我到他家找人，但怎麼敲門都沒人應答。我在門口大聲叫女兒的名字，聽到女兒在裡面喊著：「媽媽！媽媽！」但就是沒人來開門。

天底下最殘忍的距離，就是明明近在咫尺，卻遙不可及。

反覆幾次之後，他開始和我談條件，我生怕拒絕就看不到孩子，只能全數答應。我心裡好恨，但又不敢給他發現。我覺得自己像是牙齒被拔光的老虎，一點用也沒有。

我也恨自己，怎麼會陷入這樣進退維谷、任人宰割的地步，我真不知道自己還能承受多少的折磨！

看不到孩子的日子異常煎熬，剛小學畢業的大女兒教我摺紙鶴，說：「媽媽，一千隻紙鶴可以幫你達成心願。你摺到一千隻，就可以看到妹妹了。」

我一邊摺，一邊獨自咀嚼著傷痛的滋味。我拼命禱告，只盼奇蹟出現。

咀嚼傷痛，靈魂得以淬鍊；獨處思索，心智得以成熟。被刺透的母親的心，讓人一夕長大。奇蹟果然出現，不是找到女兒，而是我的公主病治癒了。

最後幾個月，我已完全被拒與孩子接觸，連透過電話聽她的聲音都不能。已移居澳洲的我，決定回台灣找孩子。我直接奔到幼兒園，卻被告知孩子的父親已幫她請長假，我又撲空了。

知道我是孩子的媽，老師指著空著的小椅子告訴我：「這孩子常唸著說：別人都是媽媽來接寶寶，可是我媽媽在好遠的澳洲！」我聞言，強忍住一陣鼻酸。

我沒有崩潰，而是緊緊不停地禱告，像抓住救援的浮木。我決心長期作戰，慢慢尋找女兒，無論天涯海角。

靠著禱告，人得以和神親近；祂賜的平安，可以驅走憂鬱與焦慮。這是第一波令人煎熬的操練。

我先找了份工作，到電視公司上班。我讓自己忙碌，想忘掉一切失敗和痛苦。但只要瞥見有人抱孩子經過，我又止不住掉淚。

我的心變得異常柔軟，看到災難新聞或聽到有人受苦，同情心與憐憫心就油然而生，也開始能同理那些受苦之人的苦痛。

商場的好勇鬥狠似乎離我漸行漸遠，以前那個囂張跋扈、勢利無情、剛硬又好勝的女強人，變得越來越柔軟。連我自己都詫異這樣的改變。

一位剛認識的同事就對我說：「沒想到您心腸這麼軟，以前都看錯您了。」

苦難與傷痛讓我改變，從一個驕縱蠻橫的公主，變成了成熟慈愛的母親。**柔軟的心可以勝過無情的剛硬**。母親的心腸看似柔軟卻無比堅強。以柔克剛，這是千古不變的定律。

你呢？領受過母親既柔軟又堅定的心腸嗎？

西面對孩子的母親馬利亞說：「……你自己的心也要被劍刺透。」

——路加福音2章34－35節

第一個奇蹟

許多的偶然加在一起，偶然就不再是偶然，而是必然。上帝使萬事互相效力，讓一連串的偶然串出了奇蹟。

上帝賜給我的第一個大奇蹟，就是讓我找到朝思暮想、失散多時的女兒。為什麼我那麼肯定就是上帝所賜的奇蹟？一來因為事情出現那麼多偶然與碰巧，顯然是上帝在主導；二來「順服就必蒙福」，就在我順服之後，奇蹟就發生了。

在那段我與女兒失散的日子，心裡的聖靈經常指導我。祂催促我檢視自己的心態：「你念著孩子，是真的愛她，還是只想從她父親手上得到她？」

祂調整我的觀念：「孩子是上帝所賜的產業，所有權在上帝，父母只是代管而已。愛，不是要得到，而是要付出。」

我順服聖靈的教導，不再以得到、占有為目的，而是學習付出、給予。

我向上帝禱告，**不再是「祈求」讓我找到女兒，而是「發願」要把女兒獻給祂；**

「承諾」在找到女兒之後，按著祂的道來教養女兒成為一個討祂喜悅的人。

果然，才沒多久，一連串的偶然與碰巧就出現了。

那天，一個很偶然的機會，我碰巧聽到丈夫帶女兒飛往雪梨的消息。我心頭狂喜，立刻買了機票動身。

在飛機上，我緊張得未曾闔眼，生怕又讓他們跑掉了。我努力用禱告讓自己平靜，默唸著剛背熟的〈詩篇〉23篇。

上帝果真是我的好牧者，祂正在引導我走向祂為我定的義路。

出了機場，我立刻趕回家，一路上心一直砰砰地跳。一進家門，我直奔臥室，就這麼幸運地找到了日夜思念的女兒。

她正從睡夢中醒來，一臉驚喜地看著我。我一把將她抱起，不到三歲的她還記得我，用稚嫩的兒語對我說：「媽媽！你在哪裡呀？我一直找你吶。」

我緊緊地抱住她，忍不住熱淚盈眶。

和女兒重逢的欣喜並沒有沖昏我的頭。丈夫和他妹妹都在家裡，他們正錯愕於我的出現。待他們回神，會容許我和孩子在一起嗎？我知道那是不可能的。

躊躇間，我瞥見丈夫的妹妹在廚房說怎麼沒牛奶了，我又碰巧從椅子上丈夫的長褲口袋裡摸到了車鑰匙，趕忙說：「我去買牛奶！」就抱著女兒逃出了門。車子開到大馬路上，我才大大鬆了一口氣。

但是，我的難題來了，我要往哪裡去？我能永遠不回家嗎？正煩惱時，眼前碰巧就出現了警察局，我於是上前求助。警察聽了我的陳述，立刻為我登記明天開庭，去向法官申請保護令。他說：「你今晚最好不要回家，等明天拿到法庭的保護令再回去。」

接二連三的碰巧，上帝的作為已至為顯明，叫人無可推諉。

我依警察勸告躲到朋友家去住，只打了電話向丈夫通報。晚上，朋友慶祝我找到女兒，大家決定上館子。

在餐廳裡，女兒一直黏在我身上，只要一離開我就哭。以前她一看到小朋友就開心地玩到忘我，如今卻變成這樣。席間，朋友的丈夫因為自己孩子亂玩餐具而輕聲喝止，聲音不大，朋友的孩子不當回事，卻把緊偎著我的女兒嚇哭了。

我難過得差點跟著掉眼淚。我從女兒身上看到她這半年的抑鬱和退縮，很是心疼。破碎婚姻下的孩子真是十分可憐，因為缺乏「安全感」，變得非常脆弱。

隔天到了法院，又是非常碰巧，遇到之前審理過我們家暴案的法官，順利拿到保護令。法院同時照會聯邦警察局，把孩子先限制出境，以免再被她爸爸帶走藏匿。

我帶著保護令回家，丈夫一知悉，臉色鐵青，暴怒而扭曲的臉十分恐怖。我很害

怕，不住默念〈詩篇〉23篇4節當作護身禱告：「我雖然行過死蔭幽谷，也不怕遭害。因為祢與我同在。」

神果真是與我同在的，否則那晚我絕對無法逃過丈夫和他妹妹槍林彈雨般的攻擊。他們聯手圍攻我，張牙舞爪，我忍著滿心恐懼和他們對峙。經過一個晚上，我忍無可忍報警，直到警察來了，他們才離開。

這一刻，我像是剛經過一場殊死戰的士兵，元氣耗盡，卻總算取得了勝利。短短兩天，情勢逆轉，變化如此之大。這一年來，我面對丈夫種種壓迫，一直都處在挨打的狀態，這是我向厄運做出的第一個反擊。

我彷彿看到吹著號角的天使奏出〈詩篇〉23篇5節：「在我敵人面前，祢為我擺設筵席。」

我抱著久別重逢的女兒安心入睡，心中唱著無限感恩的歌。

我沒有忘記我對上帝的承諾，要把女兒獻給祂；因為是祂先信實地行奇蹟，讓我與失散的女兒重逢。你呢？你經歷過上帝行奇蹟的護佑嗎？

你用油膏了我的頭，使我的福杯滿溢。

——詩篇23篇5節

奪不走的財富

唯有當財產被奪空，一窮二白時，才發現錢財無足憑恃，一點也不重要。人能奪走你的錢財，卻奪不走你「貧賤不能移」的品格。

我在澳洲與女兒重逢，丈夫和他妹妹卻因家暴被警察請出家門。他們非常生氣，採取凌厲的報復手段。

那陣子，每隔幾天就會傳來一則壞消息，一筆財產就飛了。

有一次，母親打電話來說我的房屋被法院查封了。我大吃一驚，文件上的債權人我完全不認識，更沒有欠他錢。後來才知道，那個人是丈夫的朋友，他在庭上向法官坦承是受丈夫委託來查封的。

又有一次，銀行通知我帳戶內的存款被領光了，是丈夫的妹妹透過法院的支付命令，聲請強制執行。我銀行裡的所有現金也都沒了。

後來，我收到法院通知，說我在台北的家被法院拍賣了。法拍的購屋人是丈夫的妹妹。我的家就這樣沒了。

接踵而來的壞消息，我失去了所有的財產。丈夫如願讓我變得一窮二白。只是比起曾經失去女兒的痛苦，失去財產顯得微不足道。能和孩子們在一起，我已感到十分滿足。所以每次的壞消息頂多讓我不開心一下子也就過去了。

有一天，一位好友來訪，剛好聽我接到一則壞消息，是銀行通知我又有一筆幾百萬元的存款被領走了。但是壞消息並沒有影響我的好心情。

朋友說：「這麼大的事，你怎麼好像沒事一樣？」

我說：「這又不是第一次，我也習慣了。錢反正是失去了，如果再把情緒賠進去，那就虧大了。」

我去向澳洲社會福利部請領救濟金，生活仍然衣食無缺。**看似窮，卻並不困**。

而且，失去一切，表示已經沒東西可以再失去了。既已跌到谷底，接下來不就是要翻升了嗎？「否極泰來」本來就是自然律。

我能夠這麼灑脫，是因我當時正開始上教會、讀聖經。聖經裡面無形的財寶太豐富了，相比之下，物質世界的錢財實在算不得什麼。

人可以奪走你有形的物質財富，卻奪不走你無形的精神財富。

我突然有一種「豁出去」的坦然。我不必再為錢看人臉色或受轄制了。一無所有，反而什麼都不怕了。我感受到「貧賤不能移」的凜然正氣。

當人一窮二白，才會明白，原來一窮二白也不過爾爾，沒什麼可怕。金錢並沒有想像中那麼重要。

反而「貧賤不能移」的品德十分難能可貴，別想用金錢收買品格，也別想用金錢影響情緒。自然散發的一股凜然正氣，讓勇者無懼。

你呢？你是否具有「貧賤不能移」的品德？

耶穌說：你若願意作完全人，可去變賣你所有的，分給窮人，就必有財寶在天上；你還要來跟從我。

——馬太福音19章21節

懷抱盼望的牡蠣

盼望，能夠減輕痛苦的重量，苦難就不覺得太苦了。

有一個故事：兩隻牡蠣在沙灘上痛苦地哀嚎。因為粗糙的砂礫跑進牠們柔軟的身體裡，磨得牠們非常痛苦。牠們正在努力把砂礫推出去。

一隻老螃蟹走過來，看到牠們痛苦的樣子，有些不忍。就說：「忍耐點！過一陣子就會結出美麗的珍珠了。」

其中一隻牡蠣憤憤不平：「珍珠在哪裡？我不信！我現在就痛得快要死了。」牠越掙扎，被磨得越痛、越生氣，越覺痛苦難耐。後來痛不欲生，就痛死了。其他的牡蠣們冷言冷語評論：「誰叫牠之前行為不檢，和砂礫交好！」、「是羞愧而死的吧？」

被苦難打倒不會引起同情，別人只會記得你曾經犯過的錯，認為你罪有應得。

但另一隻牡蠣聽了老螃蟹的話，慢慢停止了與砂礫的纏鬥，努力讓自己恢復平靜，減少摩擦，使疼痛減輕。牠腦中浮現出漂亮的珍珠，閃著迷人的光芒。「我真的能擁有

珍珠嗎？多麼令人嚮往啊！」這樣的想法讓牠有了堅持下去的勇氣。

日子一天天過去，有一天，砂礫停駐的地方果真形成了一顆珍珠——大海中最動人、最浪漫的美麗珍珠。其他的牡蠣紛紛投來羨慕的眼光。

唯有勝過苦難才能扭轉頹勢。別人看到你現時的榮美，就會忘記你的過去。

牡蠣去向老螃蟹道謝：「要不是您給了我盼望，我肯定享受不到這樣的榮美。」

老螃蟹說：「謝什麼？我只是講一個真理，信不信還在你自己啊。」

相信，帶來盼望；盼望，帶來力量。在忍耐中等候盼望實現的過程，就是鍛鍊。

我曾像那牡蠣，在苦難中疼痛難熬。上帝就像老螃蟹，告訴我這一切是為要給我祝福。祂領我與女兒重逢，輕嘗了一下奇蹟，為我的苦難立下了一個盼望。

有了盼望，苦難就不覺得太苦，而是一段極富價值的鍛鍊旅程。過程中或許仍然會痛，但一想到將來，忍耐與等候都不再沉重。你呢？你的人生有盼望嗎？

我們得救是在乎盼望；只是所見的盼望不是盼望，誰還盼望他所見的呢？但我們若盼望那所不見的，就必忍耐等候。

——羅馬書8章24–25節

PART

3

初上戰場

資源缺乏、戰力懸殊，我本畏戰；但上帝卻要我穿上祂的軍裝，勇敢上庭打官司。我承諾要把孩子獻給祂，祂應許在爭戰中與我同在。

在打孩子撫養權官司的那兩年，我一次又一次經歷到主的同在與幫助，果然贏了官司。

但這只是靈命操練的第一步，操練「祂的同在」。

你出去與仇敵爭戰的時候，看見馬匹、車輛，並有比你多的人民，不要怕他們，因為領你出埃及地的耶和華你神與你同在。

——申命記20章1節

戰力懸殊的戰爭

如果上戰場是上帝的旨意，就不容你畏戰，祂會讓你穿上祂的軍裝剛強壯膽。

自從我和女兒在澳洲重逢，丈夫立刻去向法院提起訴訟。他不願和我共同撫養女兒，他要單獨的撫養權。

女兒的撫養權之爭就此開始，他正式宣戰了。

如果是我自己選擇，我是不會在澳洲打這場官司的。我不但沒有求戰，其實還很畏戰。那時尚不知一打就是十年，否則早就逃跑了。

然而**天意就是上帝的旨意**，**由不得我不從**。只是一路有祂同行，親身經歷祂，成為我此生最大的恩典。

其實這場戰爭早在半年多前就開始了。丈夫很早就開始布署，先讓我一窮二白，再耗盡我的補給，讓我在彈盡援絕之下只能向他投降。

他聘請了律師，是澳洲人，我知道那花費昂貴。而我，生活還須靠政府救濟金，哪有多餘的錢來請律師？

許多朋友都勸我放棄孩子算了：「你沒錢，怎麼打得過他？」

的確，我起初也請了一次律師上庭，後來發現真是付不起。就不請了。

我也碰過不少教會的屬靈前輩，只要一聽說是在打離婚官司，立刻說：「別打了！上帝不喜歡離婚，更不喜歡打官司。是基督徒，就別打了。」

殊不知我根本沒有選擇餘地，若不戰而降，那從此就別想再看到孩子了。

我很徬徨，不知道這場仗在如此資源缺乏、戰力懸殊下，要怎麼打下去？我不住禱告，求問上帝：「我是不是該出去找份工作，邊賺錢邊打官司？」

接連幾天，有一節經文不斷在我眼前出現：「**你們要先求祂的國和祂的義**，這些東西都要加給你們了。」（馬太福音 6:33）

我心想，天意可能是要我先別找工作，先尋求天道。那我就姑且試試吧！只是該如何求祂的國與祂的義呢？我試著先從閱讀聖經開始。

有一天清晨，將醒未醒之際，我看到一個似夢非夢的景象，讓我印象深刻。

我看到一個全身發散著強烈光芒的人站在那裡，他穿著白色的衣服，有點像長袍，又有點像盔甲軍裝。望過去就是一團似火的光。

我和他有段距離，他很巨大，我很渺小。有點像在電影院，他在螢幕裡，我在舞台外。他遞給我一件武器，看起來像是聖經，但一下又變成了一把劍，我也無法確

定。因他身上的光芒實在太亮了，照著我的眼，讓我無法看清他。

他向我說話，但說什麼我沒聽明白，只能用感覺去體會，好像是：「你要勇敢上戰場打仗，不要怕！我會幫你！」之類的話。

他整團光發出強大的能量，似乎都在表達一個意思，就是鼓勵我勇敢上戰場。

這幅景象讓我十分震撼，夢醒後好久都還盤旋在腦中，揮之不去。

那時我對聖經並不熟悉，我對這個景象，自己做了解夢：「有一位神人來告訴我『天助自助』！要我好好打官司，上天會幫我。」

過沒多久，有一天，我讀經讀到〈以弗所書〉第六章，講「穿戴上帝的軍裝」，字裡行間的景象如此熟悉，我立刻想到我做的那個夢，激動地跳起來。

「就是這個，就是這個！千真萬確！」我夢裡的那個人就是在對我說這件事：「你要穿戴上帝的軍裝，帶著這武器，去和惡魔爭戰！不要怕！我會幫助你！」

那本書就是聖經，是上帝的道；那把劍就是聖靈的寶劍；完全與我夢境吻合。

幾個月前，上帝兩度讓我在丈夫的身影背後，看到屬靈爭戰中的惡魔蹤跡。所以祂特來向我顯現，告訴我這是屬靈的爭戰，要我穿上軍裝，勇敢地去作戰，祂會與我同在。

我夢裡那個人全身散發著強烈的光芒，也與聖經描述的上帝吻合。〈約翰一書〉第一章說「上帝是光」，登山變貌時，「耶穌面貌像太陽一樣明亮，衣服像光一樣潔白」。〈以西結書〉（厄則克耳）記載上帝是整團火般的榮光（Glory）。

既是天意要我勇敢應戰，我不再害怕；姑且鼓起勇氣，不再畏戰。

本來以為這夢是因為我要打官司，所以日有所思，夜有所夢。但多年以後，當我靈命成熟，回想起這個夢的異象，更確定那就是上帝無誤。

祂親自來向我宣達：祂要透過官司鍛鍊我，要我不要懼怕！祂會與我同在。

我當時對聖經及上帝不熟，遇上帝來訪，自然不認得。對夢的解讀有點瞎子摸象。若能早點熟識聖經，那肯定立刻認得出來。這也是我後來一直勤讀聖經的緣故，我不要再錯過上帝了。

你呢？你穿過上帝的軍裝嗎？

要穿戴上帝所賜的全副軍裝，好抵擋魔鬼的詭計。

——以弗所書6章11節

一路丟棄的行囊

疑惑是沉重的行囊，我們總是帶著它走上信仰之路。然後一路走一路拋，直到堅信不疑。

我受洗了。帶著滿腔的疑惑，不確知上帝到底在哪裡。

牧師幫助我那麼多，當他邀我受洗，我不好意思拒絕，就受洗了。那時我對教會和聖經都不太了解，只參加過牧師辦的心靈成長班。每次談到信仰話題，經常和牧師抬槓。而且每次翻閱聖經，我都有滿腹的疑惑。

以前也曾讀過聖經，只是讀到〈創世記〉，看到有些人活到九百多歲，就把聖經扔了，根本不相信。心想：「真是怪哉！這樣愚蠢的故事也有人相信？」

其實聖經早已預言了這樣的事。在〈哥林多前書〉第一章就說，上帝樂得用人們認為愚蠢的道理來拯救祂要揀選的人。

有一天，牧師向我介紹上帝，說：「上帝就是天。你是讀歷史的，以前皇帝即位，都要先去祭天，那個『天』就是上帝。」

「哦，那就是老天爺嘛！」我心想，如果是這樣，那我倒是可以相信。

當我意識到老天爺的存在，我的態度也收斂了許多，不敢再輕狂亂批判。因為相信上帝什麼事都知道，我幹過好事壞事祂都知道，當然批判祂，祂也會知道。**對上帝的敬畏，其實就是信仰的開始**。敬天，起碼就不敢再無法無「天」。只是這樣離所謂的「信心」，好像還差得很遠。

在找不到女兒的那段日子裡，當我呼求上帝，聖靈就出現來安慰我、指導我。當我發願把女兒獻給上帝，奇蹟就出現讓我與女兒重逢。這個上帝對我倒是真的很好。

但是我對人生仍然充滿疑惑，對聖經還有那麼多不解，甚至對耶穌的認識都還很粗淺。這樣就受洗當基督徒真的好嗎？帶著幾百個問號，最後我還是順服牧師的意思受洗了。

我也曾疑惑：信仰存乎一心，受洗只是個儀式。那受不受洗有差嗎？

多年之後才發覺，對上帝沒差，但對信徒自己差別可大了。

受洗是一個識別與認同的關鍵，會邀請自制、**自律**、**自愛自動跑來歸位**。

因為受洗之後，與上帝、自己、別人的關係都不同了。一來取得了上帝兒女的位分，把上帝當父親了；二來自我認同改變，開始自尊、自重起來；三來信徒彼此成了一家人，互稱弟兄姐妹，開始有了交心與團契的生活，對教會的歸屬感增加了。

自我認同改變，自我態度也跟著轉變。信仰之路也就是改變之路。

受洗前碰到疑惑，總是用「質問」的態度，帶著傲慢：「活到九百多歲這種愚蠢的事怎麼叫人信得下去？簡直在侮辱我的智商。」

受洗後卻改用「求問」的態度，謙卑多了：「父啊，這我不明白，請指教我！」**上帝抵擋驕傲的人，賜福給謙卑的人**。質問是得不到答案的，還會越問越疑。求問卻經常可以得到上帝的回應，解答心中的疑惑。

驕傲的人心剛硬，上帝就故意讓他們「聽是要聽見，卻不明白；看是要看見，卻不曉得」（馬太福音 13:14）。就像我以前讀經，每個字都認識，卻完全不懂意思。

驕傲的法利賽人去質問耶穌，耶穌也故意用比喻回答，讓他們聽不懂，還說：「恐怕他們聽懂了，回轉過來，我就醫治他們。」（馬太福音 13:15）可見有多麼故意。

但謙卑向上帝求問，卻可讓心中的疑惑一件一件拋除。因為上帝理解人的軟弱與極限，祂會幫助人們解惑，直到堅信不移。

像讀〈出埃及記〉（出谷紀），摩西（梅瑟）領以色列百姓過紅海，海水居然會分開，實在違背常理。但當我謙卑求問，不久就看到報導，美國科學家做模擬試驗，紅海海水在強烈的東風連吹十二小時下，的確會發生分開的現象。我的疑惑得到了解答。

這就是信仰的奧祕。一般人總習慣「眼見為憑」，要先看見了才相信；但信仰之路

卻是先相信了才看見。

看見了才相信，基本上就是個傲慢質問的態度，沒有尊重造物者的主權。反之，相信了才看見，是先謙卑認同造物者的主權，於是就能接到祂的恩典。

其實，若是不相信或信心不夠，即使上帝親自向你顯現，你也會模糊不清，認不出也接不住，就像受洗之前的我。

信仰之初，誰沒有疑惑？我就是這樣帶著疑惑走上信仰之路的。然後一件一件把疑惑拋掉，越來越信，越來越得力。

你呢？你的信仰有沒有過疑惑呢？

耶穌趕緊伸手拉住他，說：「你這小信的人哪，為什麼疑惑呢？」

——馬太福音14章31節

把苦事變有趣

換個角度動動腦，苦差事也能變有趣。發揮創意，苦中作樂，苦事就不苦了。

我的第二任先生非常愛興訟。除了告我以外，他也告其他人，告我第一任先生，甚至後來也告他第二任妻子。如果一個官司告輸，他總會想盡辦法上訴，沒完沒了。

在我們婚變那段日子，我成天接到他的律師函及法院通知，實在煩不勝煩。

有一天，我和三個孩子在閒聊。他們問我，他們在學講話的時候，第一個會講的字是什麼，是媽、爸，還是吃、或者是尿？

隨後我們聊到第二任先生告他們爸爸，敗訴了又再上訴的事。那時小女兒正在玩她的洋娃娃，聽到這裡，突然發表高論：「我知道、我知道！我爸如果自己帶小孩，他學講話第一個字一定是『告』！」

語畢，全家哄堂大笑。

她的童言童語，頓時讓官司的壓力減輕許多。苦中作樂，果然有舒壓效果。

我突然有了個靈感：「既然官司如此漫長，何不把它變得有趣？趣味一定可以減輕很多壓力！」

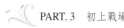

我頓時想起小時候讀馬克吐溫《湯姆歷險記》的故事。湯姆被罰漆籬笆，覺得很無聊，於是一轉念，動腦筋把苦差事變成一件好玩的事，終於愉快完成。

於是我開始操練「創意商數」（CQ, Creativity Quotient），提升創意的能力及幽默感。每遇一件和官司有關的事，就去找出其中有趣的成分，讓自己樂一樂。

例如，因為挨告我必須經常跑法院，就假想它是我上班的辦公室。不管是遞狀、開庭、閱卷、法律服務、或托兒，雪梨家庭法院的設施都非常完善，我抱著享用的心情，每一項都去玩一玩。有時還跑到柔軟的沙發上去午睡，坐在布滿陽光的落地窗前閱讀，十分愜意！

每次我告訴人家說：「我去上班囉！」總會賺到一些笑聲與一陣好心情。

我也藉機讓自己提高「學習商數」，發揮孔子「三人行必有我師」的精神，在每一次的官司裡學習。不管是正面教材還是負面教材，都讓自己得到益處。

澳洲的官司讓我的英語能力突飛猛進，對方律師成為我最好的英文老師。律師函裡艱澀的字彙、複雜的句法、還有難懂的法律名詞，都讓我有機會學習。不論是翻字典、查書、請教法律援助處的義務律師，都讓我收穫不淺。

此外，為了應付他在台灣對我的訴訟，我必須越洋撰狀寫答辯，也讓我把中文打

字練起來了。當我以前的同事還在被中文打字困擾的時候，我已占得先機，對網路世界駕輕就熟了。

學習，本就是一件饒富趣味的事。漫長的官司不再是不可承擔之重。動動腦「把苦事變有趣」本身就是一件有趣的事，你要不要試試看？

喜樂的心乃是良藥，憂傷的靈使骨枯乾。

——箴言17章22節

被圍觀的戲

面對毀謗攻擊，不在意才是最好的反擊。懂你的，不用解釋；不懂你的，不需解釋。人生是自己的，何必在乎別人說什麼？

許多離婚的人都經歷過閒言閒語。我不僅如此，還遭遇過黑函與毀謗。

雪梨的台灣圈不大，黑函與謠言很快傳遍了整個社區，讓我無所遁逃。

那些內容當然都不是事實，誣指我第二段婚姻從結婚到離婚、搶孩子，都是為了貪丈夫的錢，而且是和第一任丈夫聯手要對他謀財害命。

第一任丈夫看了黑函嚇了一跳，以為誤會大了，連忙寫信去向他這位老同學解釋。我當然知道那是沒用的，我早就解釋過許多遍，他要接受早就接受了。

有一位長輩卻信以為真，跑來嗆我說：「你到底要分他多少錢才甘心？」

我連忙解釋是他拿我的錢不還，長輩卻反問我：「他自己很有錢，何必搶你的？」

這實在是有理說不清，越急越說不清。

還有一次，一位朋友跑來告訴我，她在美容院洗頭，聽到大家在談論我們的官司，便問我：「他們說你搶小孩就是為了要他的錢。」

我急起來說：「我沒有搶小孩，我明明是被搶，是我挨告！他亂講你也信？」朋友顯然沒興趣聽我解釋，更不會去幫我澄清什麼。我十分受傷，幾度委屈落淚。

一天，正當我禁不住難過，內心的聖靈用〈希伯來書〉10章32－36節安慰我：「你們要追念往日的各樣苦難：一面被毀謗，遭患難，成了戲景，叫眾人觀看……並且你們的家業被人搶去，也甘心忍受，知道自己有更美長存的家業……你們必須忍耐，使你們行完了上帝的旨意，就可以得著所應許的。」

這段經文句句打動我、安慰我，真是太貼心了！聖靈知道我正在受被毀謗之苦，被當成戲景圍觀。祂清楚知道我的家業被人搶去，所以安慰我：「沒關係！會有更美好的家業」、「再忍一下就可以得到上帝的賞賜。」

受委屈時，最窩心的安慰就是知道有人懂你；那用不著報復就已覺冤屈得直。

聖靈進一步問我：「你覺得任勞任怨難，還是任謗比較難？」

我委屈泣訴：「當然是任謗難。任勞任怨起碼講事實，但任謗是用謊言攻擊。」

聖靈引導我思考：「那你通過鍛鍊，不就更厲害了？」原來這是上帝在鍛鍊我。

聖靈又問：「你知道你丈夫為何要用謊言來毀謗你？」

我回答：「他要讓我心煩意亂，輸掉官司；還要讓我在台灣圈身敗名裂。」

聖靈問：「那你知道說謊之人的父是誰嗎？」

我回答：「是撒但。牠要破壞我和上帝的關係。」

聖靈說：「既然你都知道，上帝預先都讓你看見了，那你為何還要中計？」

是啊！我何必為此浪費情緒？哪有時間一一去向那些人解釋。懂我的，不用解釋；不懂我的，也不需解釋。**別人怎麼看我，最終還是在於我怎麼看自己**。人生是自己的，何必在意別人的眼光？這條路是自己要走的，又不是要走給別人看的。只要上帝與我同在，其他人有什麼重要呢？

定睛在神，可以不在乎別人眼光。當你不在乎它，它就一點影響力都沒有。

多年之後，我偶遇那位曾來嗆我的長輩的兒子，對我說：「當年誤會你了。沒想到他連孩子的撫養費都不付，國稅局催繳，他卻寧可不能入境澳洲也不願繳。」

我笑笑，沒有反應，不悲不喜。謠言會不攻自破，但需要時間。

面對毀謗攻擊，不在意才是最好的反擊。你呢？還在意別人怎麼看你嗎？

魔鬼說謊是出於自己；因他本來是說謊的，也是說謊之人的父。

——約翰福音8章44節

來找碴的律師

信心的宣告如支取上帝的力量，像堅固的盾牌，可擋掉敵人射來的一切火箭。

以前總不明白「拿信心當作盾牌，可以滅盡那惡者射來的一切火箭」到底是如何運作的。親身經歷之後，才曉得此話如此真實、有力。

那段時間，我每天清晨靈修，讀一本叫做《從信心到信心》的書，每天讀一則，一共三百六十五則。如果信心像一座城牆，每天的靈修就像是在砌磚。

每天清晨的禱告就像在做信心的宣告，有如運動員上場前圍在一起大聲喊：「加油！加油！加油！加油！」提振了高昂的士氣。

那年，丈夫在他律師的見證下因家暴被警察請出家門。這位律師看到我不過是一個英語並不熟練的移民女子，也沒有律師撐腰，對我頗為輕視。

在打女兒撫養權官司的兩年間，這位律師經常寫律師函及訴狀給我，對我做許多不實的指控，企圖讓法官對我產生不良印象。

這類律師函在法律上有它的影響力，因為信函中的陳述一般都經過律師查證，法官可能不相信當事人，但會相信律師。所以當他用律師函來詆毀我，法官極可能被矇騙，做出不公正的判決。我感到莫大的壓力。

有一次，我去接女兒回家。丈夫用對講機說：「女兒還在睡覺。」

我告知：「沒關係，我在車子裡面等，就在樓下。」

沒多久，他把女兒弄醒送出來。女兒睡眼惺忪，揉著眼睛邊哭邊走過來。

四天之後，我就接到他律師來函，指責我說：「孩子哭著跟你走，可見她越來越不想離開爸爸。你太不注意孩子的需要，不如她爸爸那樣願意照顧她。」

像這樣找碴的例子多得不勝枚舉，像時時射過來的火箭。

還好我每天清晨靈修，都必做信心的宣告，**等於拿著上帝所賜的盾牌，一次又一次抵擋他們射過來的火箭**。有時躲避，有時反擊，一一拆解危機。

後來有一天，我在讀法律書籍時，無意間讀到澳洲「冤情大使」制度：「如果你對律師的服務感到不滿，可以去律師公會申訴。」

我心想：我是對對方的律師不滿，不知可不可以申訴？抱著姑且一試的心情，我把這位律師一狀告進律師公會。

沒想到律師公會真的著手進行調查。不久我就收到了回音，說這位律師在接受調查時聲稱，一切都是他當事人指示他做的。但他已決定自動解任，不再擔任這位當事人的律師了。

顯然這位不公正的律師自知理虧，被迫放棄了他的客戶，一隻有錢的肥羊。

太奇妙了！上帝不但為我滅盡一切火箭的攻擊，連射箭手也一起滅了！

信心是堅固的盾牌。你呢？你有這樣的盾牌嗎？

拿著信德當作盾牌，可以滅盡那惡者一切的火箭。

——以弗所書6章16節

通聯記錄攻防戰

不要老想著如何去懲罰構陷者，才能專心逃離被陷害的網羅。

有一次，聖靈教我「不要自己伸冤，要聽憑主怒」的道理。

那時，法院准許丈夫可以每天和女兒通一次電話。他明明一天打好幾次電話來，每次都和女兒講上大半天，但他律師卻每隔幾天就發一封律師函來給我，指控我阻擾他和女兒通電話，說我違反法院規定。

那個月，單是指控我通電話這件事，就寫了十封律師函來，這是他們在製造陷害我的假證據。當收到第三、四封律師函時，我就有警覺了。心想：「糟了！遭小人陷害！」

因為我們家的電話線路當初是用丈夫的名義申請的，我根本拿不到通聯記錄。他算準這一點，要讓我啞巴吃黃蓮，有苦只能往肚裡吞。

我心裡非常焦急，面臨如此危機，我迫切禱告。果然，聖靈來做我的軍師了。

我向聖靈哭訴：「聖經教導我們不可做假見證，他們怎麼可以這樣造假？」我忿

忿地說：「上帝為什麼不懲罰他們？你看，這麼壞的人！」

聖靈柔和地安慰我：「經上說：『不要自己申冤，要聽憑主怒！』將來主會替你伸冤的。這個順服的功課，你可要操練啊！」

我平靜下來，危機當前，且莫管他們，先管好自己再說。我順服了聖靈。

我專心想對策：我必須拿到通聯紀錄，才能證明他們撒謊。但是電信局不會給我的。除非是法官發傳票給他們，命令他們提供資料。

但是法官會同意嗎？老實說我也沒有把握。

這時聖靈提醒我：「你去查查看每個月收到的電信局繳費單，上面都記載了些什麼資訊？」

我趕緊去查。那時，手機並不普遍，打給別人手機的資費比較貴，所以電信局會在繳費單上記下每一通打給別人手機的資訊，以利收費。

這個發現讓我非常興奮：「我有對策了，我可以主動幫女兒撥電話到她爸爸的手機，這樣電話繳費單上就看得到通聯記錄了。」

我於是開始每天替女兒撥電話到她爸爸手機，讓他們通話。有時一天還撥兩通。這樣就不用透過電信局，毫不費事就在每個月的繳費單上看到紀錄了。

庭期到了，他們果然拿一疊律師函當作證據，告我違反法院規定阻擾他們父女通話，所以不適合獲得撫養權。

我立刻答辯，附上電話繳費單，證明他們撒謊構陷，成功作了反駁。

聖靈教會了我一件事：不要老想著如何去懲罰構陷者，才能專心逃離被陷害的網羅。

你呢？有倚靠主逃過被陷害的經驗嗎？

不要自己申冤，寧可讓步，聽憑主怒；因為經上記著：「主說：申冤在我，我必報應。」

——羅馬書12章19節

最愚蠢的事

生氣，是拿別人的愚蠢來懲罰自己。

有一天在雪梨，管區警察來按我的門鈴，用英文唸了我的中文名字，說：「此人被控家暴，我要交傳票給他，請他簽收，到時他必須出庭應訊。」

我說：「就是我啊！」

警察一副不可置信的樣子，再三核對傳票上的名字，確定無誤後，戲謔地對我眨眨眼睛，才把傳票交給我，讓我簽收。

原來是丈夫去向地方法院自訴說我對他家暴。

我怎麼都想不通，他要如何被我家暴？我一個手無縛雞之力的弱女子，一看就知道打不過他。我就不相信他這樣無的放矢，會告得成功。

我實在很生氣。為什麼要這樣騷擾我？這種成功機率小之又小的訴訟，他也要告，實在匪夷所思！

正在我怒不可抑的時候，心裡的聖靈引導我讀一節經文：「不要為作惡的心懷

不平，也不要向那行不義的生出嫉妒。因為他們如草快被割下，又如青菜快要枯乾。」（詩篇 37:1-2）

我稍感安慰，但仍嘴硬說：「那他何時被割下？何時會枯乾？我等不及了。」

聖靈說：「你拿別人的愚蠢來懲罰你自己，是不是也很愚蠢？」

我安靜下來。沒錯！**最愚蠢的事莫過於因別人的愚蠢使得自己跟著愚蠢**。

聖靈建議：「你不老是抱怨自己英文都忘光了嗎？那何不趁這個機會，寫一篇答辯狀，說明狀況，就當作在上英文寫作課？還不用繳學費呢！」

我開心起來，「這個有趣，我喜歡！」就高高興興地去寫作文了。

開庭那天，正如所料，法官當場駁回他的告訴。我也成功交了篇英文作文。

在聖靈提醒下，愚蠢變智慧，就在一念之間。

你呢？還會為作惡的心懷不平嗎？

當止住怒氣，離棄憤怒，不要心懷不平，以致作惡。

——詩篇37篇8節

差點成了通緝犯

對於無法掌控的事，擔憂其實是最無用的，只是人們卻老愛緊抓著不放。

那年，我經歷了一場不明究理的越洋官司，為時一年半，差點成了通緝犯。

有一天，我父母去我台北的家，接到台北法院寄給我的拘票。是丈夫在台灣控告我「詐欺」，我因人在澳洲不曉得要出庭，法院開出拘票要「拘提」我。

我連為什麼挨告都不知道，要不是父母碰巧去我家接到送掛號來的郵差按門鈴，根本就不會知道有這起官司存在。拘提不到，下一步就要「通緝」了。

那天碰巧我和新聞圈友人餐敘，偶然間提起這事，他請台北跑法院的記者同事幫忙去問問，才轉告我趕緊去電找檢察官說明。我從雪梨打越洋電話找到檢察官，因偵查不公開，檢察官也不肯說我到底為何挨告，只一直催我回台灣應訊。

我說：「機票那麼貴！而且我澳洲的撫養權官司正在進行，走不開呀。」

檢察官這才教我請假，把澳洲官司的文件經駐外單位認證寄回台灣給法院。

這一次，若不是碰上記者關切，我已經成為「通緝犯」了。

又是一連串的碰巧，循著每一個碰巧的足印，就看到了上帝的保守；再一次成功阻攔了撒但的詭計。

此案屬刑事，輸了是要坐牢的。情況一直混沌未明，我忍不住十分憂心。聖靈安慰我：「你又做不了什麼，擔憂也沒用，還是學習交託吧！」

擔憂是想掌控卻掌控不住。人想掌控的事太多，但掌控能力卻太小。擔憂無法使事情變好，還會傷害健康，是最沒有用的，只是人們卻老愛緊抓著不放。

操練「凡事交託」是要憑信心把憂慮放下，將操控權交給天父，相信天父一定會照顧得比你好。**交託是信心的表現。操練交託就是操練信心。**

天父果然是顧念我的。檢察官開了幾次庭，詢問了幾個證人，最後駁回了告訴。我獲得不起訴處分，雖然一次也沒有到庭。

你呢？還常為無力掌控的事情擔憂嗎？

你們要將一切的憂慮卸給上帝，因為他顧念你們。

——彼得（伯多祿）前書5章7節

別把擔憂當「偶像」

曾經失去，所以更加珍惜。但若珍惜到擔憂害怕，那就成了偶像了。

一次，丈夫用三十六位親戚連署，向法院申請帶女兒回台灣，說要參加他妹妹婚禮當花童。怕法院不相信他，提出保證金具結，保證一定會帶女兒回來。表面看起來合情合理，其實包藏著極大風險。法院為丈夫緊急安排一週後開庭，決定是否准許此項申請。

我失而復得女兒，很珍惜她，害怕再度失去，以致患得患失，壓力極大。**擔憂與害怕是孿生兄弟，撒但慣常採用此心理攻勢，讓人自我慌亂而敗陣**。聖靈來幫助我，說：「你這樣患得患失，於事無補。不要怕，只要信。」我坦承自己的擔憂，但聖靈說：「你把心力都放在害怕上，沒放在珍惜上，沒好好享受與孩子的共處，多麼可惜！而且害怕凌駕於信心之上，反倒成了你的偶像了。」

在人心中地位超越上帝的，就是偶像；偶像可以是人、或事、或物。當擔憂、害怕占據了人所有的心思意念，就成了偶像，心中就沒有地方給上帝了。

隔天早上，我靈修時赫然讀到一篇文章〈過免於害怕的生活〉。這是上帝給我的「強心針」，我放下患得患失的情緒，珍惜當下，好好去享受與孩子們共處的天倫之樂。

上帝同在的記號是平安、放心，而不是害怕、擔心。

開庭那天，我向法官力陳，丈夫之前有撒謊的紀錄，他的保證不可信賴。而且那三十六個簽名筆跡雷同，可見係冒名代簽，多數根本不認識女兒，連見都沒見過。女兒實不宜被帶回台灣，否則可能就回不來了。果然，法官一下就駁回了他的申請。

我也咀嚼「偶像」的定義，學習把上帝與祂的道擺在心頭最重要的位置，時時檢視四周是否出現地位比上帝還高的「偶像」。

多年之後有一天，女兒得到她平生第一支智慧型手機，她非常興奮，所有心思都在手機上，其他事都不理了。該吃飯不吃，該睡覺不睡，問她話不回。

我對她說：「你把手機當成偶像了，小心上帝把它收走。」

隔天，女兒一不小心把手機摔在地上，果真摔壞了。女兒當場嚇住，從此知道心中絕不能養偶像。你呢？你心中有比上帝還重要的偶像嗎？

你必不怕黑夜的驚駭，或是白日飛的箭。

——詩篇91篇5節

被休掉的自由

上帝比你更清楚你需要什麼，祂知道什麼對你最好。祂的意思就是天意。

我的離婚，是上帝所定的旨意。天意如此。

那年，丈夫因家暴被警察請離開家。當然只要我同意，他就可以回來，但他在台灣及澳洲四處對我提告，我以為他不要這個婚姻了。

突然有一天，他說要與我復合，想回家住，請教會的一位姐妹來轉告我。我已是基督徒了，不宜說要離婚。於是硬著頭皮回說：「大門永遠為他而開，歡迎他回來！」

其實我心裡非常緊張，萬一他回來又對我和孩子們家暴怎麼辦？我也很矛盾。如果不讓他回來，等於是要離婚了。我要做一個結婚兩次、離婚兩次的女人嗎？真不知如何是好。

人生道路上，我們有時並不知道什麼對自己最好，甚至不知道自己需要什麼。但是上帝都知道，因我們是祂創造的，祂比我們自己還清楚我們的一切。就像創造車子

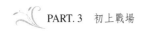

的人，最清楚車子的功能是什麼，應該裝置什麼設備最適當。**所以，只要憑信心接受上帝的安排，那肯定就是最好的。**

剛好那天靈修讀到亞伯拉罕（亞巴郎）獻兒子的故事。亞伯拉罕老來得子，雖捨不得殺了兒子獻祭，但他順服了。因為他相信，即使兒子死了，上帝也會使他復活。這就是「信心之父」的信心。

於是我告訴自己，如果上帝讓丈夫回來，那肯定是他已認罪悔改；重生得救之人，上帝自然會管他，讓他回來也沒什麼好怕的，我只要努力禱告就好。

過了兩天，那位熱心的姐妹又打電話來，抱歉地說：「他原本說好要回去和你復合的，現在又變了。他說你會自己割腕自殺，卻說是他割的，所以不敢回去。也虧他想得出來，我不想再理他了。」

我早就習慣了他的毀謗。但重點是，他不搬回來了，這讓我大大鬆了口氣。汙衊人的話可以隨便由人說，信不信是在聽的人。但還會講這種話，顯示他並未悔改。那要和他同住一個屋簷下，就太可怕了。

顯然，上帝保守我，沒有讓他回來。**上帝清楚他的狀況，也清楚我的需要。**

不久我就接到他向法院訴請離婚，似乎頗得意地宣告：「是我把她休掉的！」

但這剛好表明了是他要離婚的，不是我。我也因此得到教會牧師及會友們的認

同，他們總是替我解釋：「不是她要離的！」

我被休掉了！但也自由了。上帝挪去了我的枷鎖，祂知道什麼對我最好。

上帝不喜歡人離婚，是因為「上帝配合的，人不可分開」。但我的婚姻並不是上帝配合的，而且從一開始就不討上帝的喜悅，行許多上帝眼中看為惡的事。

上帝的旨意要我離開罪惡，「分別為聖」。離婚，正是祂為我定的天意。比我所求所想的更好。

你呢？上帝對你的旨意是什麼呢？

耶和華說：「我的意念非同你們的意念，我的道路非同你們的道路。天怎樣高過地，照樣，我的道路高過你們的道路，我的意念高過你們的意念。」

——以賽亞書55章8－9節

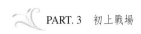

天使保護的家

有愛的地方就有上帝同在，就是溫暖的家。撒但要拆毀家庭，上帝卻保護它。

有一天，丈夫的律師來函說已把我們的住房委託仲介上市，就要賣房了，要我和三個孩子搬出去。這房是我們婚後買的家，但只登記在他名下。

那時我們移民澳洲未久，選擇雪梨定居也才剛穩定下來，其實並不適合搬遷。而這時的我，也已一窮二白，沒有餘力另購新屋。

厄運來襲，撒但要拆毀我的家。**但上帝卻讓我看到，祂如何保護這個家。**

我趕緊四處找房，準備要搬出去。並請牧師幫我禱告，希望能找到附近便宜點的房子。孩子剛適應就學環境，希望變動不要太大。

雖然我剛信主不久，但我已學會天天禱告、靈修，用信心做宣告，相信上帝會為我們預備一個最適合的居所。我心想，不必豪宅如目前這個住家，只要夠我和三個孩子住在一起，安安靜靜生活就夠了。

我天天操練信心，宣告說：有愛，就有上帝同在，那裡就是一個溫暖的家。且天

天對著鏡子自我打氣，說一遍：錢能買到豪宅，卻買不到溫暖的家。**黑暗權勢可以奪走華屋，卻無法拆毀充滿愛的家**。

果然，信心宣告帶來意想不到的奇蹟。

有一天，我碰巧在圖書館讀到一本書，談澳洲離婚的法律規定。書上寫著：「婚姻期間的家，不管房產登記在誰名下，任何一方都有使用權，也有共同所有權。在財產分配官司結束之前，不可以片面變賣。」

我揉揉眼睛，幾乎不敢相信。這樣說我根本不用搬家，房子不可以賣的。

這真是上帝送給我的大禮物。難怪那天靈修時我讀到「尋求耶和華的，什麼好處都不缺」（詩篇 34:10），上帝在給我預告哪！

我大喜過望。為了確定這本書上寫的是真的，且符合當前法律效力，我特別跑去政府的法律援助處，登記會見免費義務律師，以便向他們確認。

排了很長的隊伍，等了很久，終於一名義務律師接見我。

並不是每位義務律師都很熱心及耐心，但很碰巧地，我遇上了一名非常親切熱心的義務律師。他教我：「你要去法院遞狀，申請凍結房產，並要求法官禁止你先生賣房子，直到官司結束為止。」

他很詳細地指導我，把每個步驟都解說得很清楚，還幫我擬了一份聲請狀的草稿，教我如何一關一關完成凍結房產的手續。

這真是上帝派來保護我家的天使。如果說碰巧，哪來的那麼多美麗的碰巧？

我於是按照他的指示，自己撰狀、遞狀，向家庭法院提出了凍結房產申請。沒有請律師，沒花半毛錢律師費。

開庭那天，法官一下就批准了凍結令，要求他不得賣房。

太神奇了！危機解除。上帝就這樣保護了我的家。我彷彿看到上帝派了祂的護衛隊在我家四周紮營，阻攔了撒但的破壞。

你呢？有天使保護你的家嗎？

耶和華的使者、在敬畏他的人四圍安營、搭救他們。

——詩篇34篇7節

又一個圈套

仇敵設下圈套要害我，但我用信心倚靠上帝，祂就保護我不致失足。

又是一支從惡者射來的火箭，設下圈套要讓我失足往下跳。

丈夫的律師多次來函，要我把車子給丈夫，說他要用車。那車是當年我剛到雪梨時買的二手車，登記在他名下，開了兩年多，已十分老舊。

丈夫其實看不上那輛車，也並非真的需要，他只是想藉此逼我進入困窮之境。然而對我來說，那車卻是我接送孩子及生活購物的必需品，當然不能給他。

上帝不會供應我奢侈品；但必需品祂卻一定保護，讓我不致缺乏。

我詢問過地方法院的公設法官，在這種情況下我是否仍可使用車子？公設法官告訴我：「當然可以，你有使用權。」

我後來才知道，車子跟房子一樣，不論登記在誰名下，都屬夫妻共有的財產，在財產官司判決前，誰都可以使用它。

丈夫見我不肯把車子給他，於是在牌照稅上動手腳。他和他律師偷偷把車子登記執照的地址改到別處，讓我無法收到繳稅通知。一旦我忘記去繳牌照稅，就成了「無照駕駛」。他們就可以指控我。

有一天，聖靈提醒我：「往年車子都在此時就要驗車、繳稅了，今年怎麼沒收到通知？」

我立刻警覺，查看日期，果然快過截止日了。我趕緊安排驗車，並繳了稅。**聖靈就是保惠師，千萬別消滅聖靈的感動，那往往是至關重要的提醒。**

截止日一過，他律師函來了，正如所料，指責我無照駕駛，說要去檢舉我，吊銷我的執照。同時指控我使用無牌照的車子載女兒，不應獲得撫養權。

當然，我理直氣壯拿出繳費證明，戳破了他們的陰謀。

仇敵設下圈套要害我，但我倚靠上帝，祂保護我避過圈套，不致失足。

你呢？曾有過上帝保護你避過圈套的經歷嗎？

因為耶和華是你的倚靠，他必保護你的腳不陷入羅網。

——箴言3章26節

虐待疑雲

人們總是在身心疲憊之際，輕易把脾氣宣洩在最親近的人身上，烙下難以彌補的傷痕。

有一次，接到丈夫律師來函，說小女兒的背跟臀間有一塊瘀青，是遭同母異父的姐姐踢傷。

在打撫養權官司期間，小女兒一半時間跟我和兒子、大女兒同住，一半時間跟她爸爸住。大女兒那時十三歲，律師聲稱她虐待妹妹，表示要向法院請求小女兒不得跟姐姐同住。

我接到此信心中一驚，心想大女兒怎麼這麼不小心，她平常個性就比較粗枝大葉，大約是玩的時候不小心踢到妹妹了，所以被拿來作文章。

我當然知道大女兒絕不可能是故意的，但是偶爾的不小心，釀成不可收拾的後果，就是極大的遺憾了。我十分懊惱，但這下可怎麼辦才好？

我平常總是提醒大女兒要小心，講過多少次了，怎麼還是沒學會？在官司進行

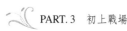

中，出了這樣的事，實在令人心煩。

撒但的攻擊無孔不入，但也是要找到破口；如果自己不能堵住滲水的破口，那就是給魔鬼留了空間，將會防不勝防，隨時有可能造成潰堤。

我差點脾氣上來就去教訓大女兒。但聖靈再三提醒我，千萬別太快下結論。大女兒的不小心是不是破口還不知道，我自己的脾氣切莫先成了破口。

人總是在身心疲憊之際，一遇事就輕易把脾氣宣洩在最親的人身上。祂對我說：「這血氣的老我就是破口。你莫中了撒但的計謀，在大女兒心裡烙下傷痕。」

祂也給我靈感：「你倒是可以趁機和孩子們聊聊，機會教育，增進親子感情。」

我想想有道理。於是和兒子、大女兒三人做了一次貼心的親子交流。自從忙著應付官司，我們好久沒有這樣親密地聊天了，是我太疏忽他們了。

我告誡兒子與大女兒務必小心，屬靈的惡勢力正要毀掉我們這個家，正瘋狂地找我們的破口，我們更要團結合作，互相提醒，切莫踩到地雷。

謹慎小心是沒有假期的，一**定要變成穩定的習慣**，才能堵住破口，抵擋仇敵可惡的騷擾和攻擊。

我也和他們分享：「苦難就是化妝的祝福，是來自上帝的磨練。我們如果把仇敵的找碴當成是品格的磨練，就不會生氣或煩躁，因為『合理的要求是訓練，不合理的

要求是磨練』。這種騷擾其實也是機會難得，就像是實地操兵，比光講理論、紙上談兵管用多了。」

親子間坦誠的溝通與親密的交流，構築了家庭的愛與默契，成為抵禦魔鬼攻擊最堅實的堡壘。

隔天，小女兒從她爸爸那裡回來，我趕快把她抱過來查看。在她背部靠近臀的地方，果然有藍藍的一片。但那是胎記啊！生下來就有的，怎麼說成是踢傷的瘀青呢？真是離譜！

小女兒在我身上扭動著，天真地說：「大家都看我屁屁！爸爸還叫我把褲褲脫下來，他在我屁屁上照相吶！」

我恍然大悟，姐姐哪裡有踢妹妹？根本是被故意陷害！差點冤枉了大女兒。這也提醒了我：撒但要成功造成潰堤，並不是簡單一個破口就能辦到，必須好幾個破口齊發。若因發現了一個破口就自亂陣腳，那可就中計了。

沒幾天，我就接到丈夫律師向法院告我的訴狀，附著小女兒小屁股的照片，要求法官將小女兒和姐姐隔離，說應該和爸爸同住，跟媽媽同住會被姐姐虐待。

我迅速提出答辯，同時不客氣地指出，他身為爸爸，口口聲聲說女兒生下來就由他照顧、洗澡、換尿布，那怎麼會連有胎記都不知道？足證一片謊言。

為了作這個答辯狀，我還特別去請教朋友，問「胎記」（BIRTHMARK）的英文怎麼寫，讓我多學會了一個英文單字。

上帝就這樣又為我擋掉一支仇敵攻過來的火箭，而且讓我和孩子們成功攜手做了一次品格操練。

你呢？曾經遇過撒旦來攻擊你的破口嗎？

務要謹守、警醒，因為你們的仇敵魔鬼如同吼叫的獅子，遍地遊行，尋找可吞吃的人。

——彼得前書5章8節

假結婚，真操練

喜樂的秘訣在感恩，感恩的禱告會帶來喜樂的心情。

剛信主的時候，常讀到經文：「常常喜樂，不住禱告，凡事謝恩。」但總沒有實際驗證的機會。

那時面對婚變與一連串訴訟，我心想，這樣飽受騷擾，如何喜樂得起來？

有一天，我接到移民局來信，說有人告發我是「假結婚」。說我在澳洲結婚是為要取得澳洲的居留權，婚姻根本是假的。

接到這封信時，我當然知道又是丈夫在搞鬼，對他這樣一再找碴，覺得實在非常生氣！

此時，聖靈又來提醒我了：「**生氣就中計了。喜樂乃是誡命！**」

我回嘴說：「面對這麼無聊的人，怎麼喜樂啊？孩子都三歲了，婚姻還假得了嗎？移民局怎麼可能相信？他把人家當傻子嗎？真是低估移民局的智商。」

我一邊說，一邊也忍不住覺得好笑，這人瘋狂到這個地步，也虧他想得出這種離譜又好笑的伎倆，看樣子是到了強弩之末了。

如果是兩軍作戰，那麼他這一波的攻擊應該要接近尾聲了，肯定已經變不出新花樣來了。

聖靈於是提醒我：「既然移民局不會相信，表示他攻擊失敗，那你何不為這事向上帝感恩？以感謝為祭獻給上帝，就是榮耀祂；你自己也會獲得喜樂。」

原來，**獲得喜樂的秘訣就在感恩**。

於是我為這事做了感恩的禱告：「一謝上帝讓他到移民局控告我失敗。二謝他的攻擊快結束了。三謝讓我有機會去參訪移民局，去玩一玩。」

果然禱告完，心情馬上喜樂起來。

我打電話去移民局，約了時間去做說明。移民局在雪梨大橋附近的岩石觀光區，我好久沒有去岩石區遊逛了，正好趁機邀了朋友帶孩子去玩。

移民局平常也不是隨便就可以進入參訪的，我很高興有此機會進去瞧瞧。

移民官看到我帶著女兒和她的出生證明前來，女兒是澳洲出生的，都已經三歲了，假結婚的控訴不攻自破。

那天，我們在岩石觀光區玩得盡興方歸。

以後，當我碰到事情喜樂不起來時，都先做個感恩禱告。於是很自然就喜樂起來

了。即使是遇到壞消息，也用不了多久，就可以恢復喜樂。足證開頭說的這段經文實在是很有智慧。

你呢？你可以做到常常喜樂嗎？

要常常喜樂，不住地禱告，凡事謝恩；因為這是上帝在基督耶穌裡向你們所定的旨意。

——帖撒羅尼迦（得撒洛尼）前書5章16－18節

救濟金斷炊

經歷過完全沒有收入的日子，更篤定確信，只要願意跟隨上帝，祂就一定會供應我們生活溫飽。祂的應許從不落空。

常聽人說「錢不是萬能，但沒錢萬萬不能」，但這話是真的嗎？在我救濟金斷炊的那幾個月，這句話在我心裡被顛覆了。

的確，日常生活衣食住行樣樣都需要錢，沒有錢能生活嗎？我以前認為不能，但經歷過完全沒有收入的日子，才體會到，只要跟隨上帝，溫飽絕對不愁。

我剛移民澳洲之初，投資一份中文報紙當老闆，經常喜歡在自己的報紙上高談闊論。有一次批評那些領政府救濟金的人是米蟲，說他們不靠自己的能力去賺錢，只想伸手向政府要錢。我毫無同情心地指責他們是大家的負擔。

沒想到不到兩年，我就因為婚變失去所有財產，必須向政府請領救濟金才能維生。**這是上帝給我的現世報，讓我學習謙卑與同理心**。

剛成為基督徒不久，有次讀到〈馬太福音〉第六章，說不用為日常生活吃什麼、喝什麼、穿什麼擔心，只要去求祂的國和祂的義，上帝就都會供應。

我心想，這話說得太大膽了吧？那是因為我在澳洲有救濟金可領，所以不擔心；如果在貧窮落後的國家，那肯定出問題。上帝會從天上掉下錢來給我嗎？

才過沒幾星期，我的救濟金就被停掉了。我心頭一驚，難道又是上帝給我的現世報？這次要我學習什麼？

救濟金會斷炊又是丈夫的傑作，他去社會福利部告發我，說我在台灣有兩間房產，還在澳洲領救濟金，是欺騙政府，是詐領。社會福利部看到他呈報的舊資料，在我名下的確登記有兩筆房產，就先把我的救濟金停掉再說。

這兩間房產，一間早已被賣掉、一間被查封，明明他都知情，他還故意拿這個去告發我！

但這也是上帝的學堂，讓我學功課。我趕忙檢具現況資料，寫好陳報狀，去向社會福利部解釋。幾個月後，救濟金才恢復。

不久法院開庭審理配偶贍養費。我告訴法官：「他不還我錢，還到社會福利部告發我，連救濟金都不讓我領，哪裡肯給我贍養費？」

法官問他：「是你去社會福利部告發這位女士的嗎？」

他理直氣壯答稱：「是的！」

法官忍不住大罵：「你為什麼要這麼做？你為什麼要這麼做？」連吼兩聲。

那次法官判他輸，要他每週付我贍養費三百澳元。加上恢復的救濟金，我每月也有不錯的收入。雖不及以往工作時的三分之一，但已然覺得很開心。

在上帝的國度裡，開心就是富有；富有不在乎錢多錢少。

習慣了以前豐裕的生活，起初淪落澳洲靠救濟金維生，是有點適應不過來。但隨著靈命成長，卻開始非常享受「清心寡慾」的簡單生活。

外在越簡單，內心世界就越豐富；內心越豐富，對外在的需求就更減少了。

以前往返台灣與澳洲，都是搭商務艙，享受貴賓級的接待。沒錢以後，改搭經濟艙。開始時還有點不好意思，躲躲閃閃怕給人看到會「沒面子」。後來忙著在機場使用新設置的網路設備，早就忘了「面子」這回事。

以前出入有司機接送，嬌貴得不肯多走一步路，兩條腿彷彿失去功能。在家有佣人煮食，還經常到高檔餐廳吃飯。用的東西很少不是名牌。澳洲家裡除了住家女佣外，每兩週有工人來鋤草，每個月有園丁來整理花圃，另有專人維修游泳池。

沒錢以後，開始自己學習燒飯做菜，偶爾外食也只到便宜的餐廳。對高檔餐廳逐漸沒了慾望。孩子們更是嫌吃高檔餐廳太浪費時間，還是速食最好。

沒錢以後，治裝費全免了。以前的衣服多得穿不完，不用再買。大孩子們的衣服，都是回台灣時他們的爸爸及爸爸的新太太幫他們買。小女兒則穿教會姐妹們送來她們孩子穿不下的二手舊衣，叫做「恩典牌」，依舊光鮮美麗。

至於鋤草，兒子會幫忙。花圃就靠自己買來的園藝用剪刀、鏟子，不時蒔花弄草一番，也頗覺歲月靜好，很享受「採菊東籬下」的悠然。

我又去找了一本維護游泳池的書，自己一步步跟著做，也弄得津津有味。採購也開始精打細算。以前從來不知道去超市搶購特價品的樂趣，之後碰到洗衣粉打折都像賺到了一樣高興。

雖然生活水平一下從雲端跌落谷底，但我一點也不覺得「窮」。**窮，只是一個感覺而已，如果你沒感覺它存在，它就是不存在**。靈命改變，讓我覺得錢少也有錢少的好處，免去理財的煩惱，讓我有時間、空間富足我的精神生活。

即使在救濟金被停掉的那幾個月，我仍然衣食無缺，一點也沒被困住。親友們的援助讓我更懂得知足感恩，也更確認聖經的教導無誤。

有一天，我看電影《悲慘世界》，男主角出獄後身無分文，跑到教堂向神父求助，一樣存活了下來。我更加確信，即使在貧窮落後的國家，窮到沒飯吃的時候，若找到教會請求援助，一定也可存活。更印證了聖經的話絕對真實：**根本不用為溫飽擔憂，上帝一定會供應的**。

有了這些體悟，對於「你們不能又事奉上帝，又事奉瑪門」（馬太福音6:24）也有了更深的領會。**錢，不是萬能；但沒錢，卻更有可能讓內心富裕**。

你呢？你相信沒錢也沒關係嗎？

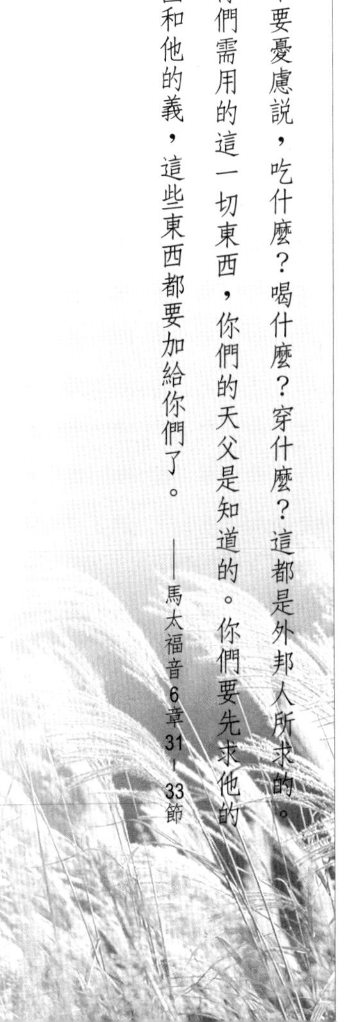

不要憂慮說，吃什麼？喝什麼？穿什麼？這都是外邦人所求的。你們需用的這一切東西，你們的天父是知道的。你們要先求他的國和他的義，這些東西都要加給你們了。

——馬太福音6章31－33節

上帝真的在這裡

人在面對未來，孤單害怕的時候，最大的定心丸就是意識到上帝的同在。

聖經中最常見的應許，就是上帝與你同在。這是上帝給信徒專有的特權。在屬靈爭戰中，面對不確定的未來，感到孤單害怕的時候，最大的定心丸就是意識到上帝就在那裡，**祂的同在比千軍萬馬還讓人心安。因為知道一切都有祂在掌控**。那就夠了。

有一天，我必須在下午出庭。澳洲家庭法院審理女兒的護照事宜，命令她爸爸交出她的台灣護照。

這件事已在法院開過多次庭，她爸爸一直找各種理由拖延。前一次開庭時，法官要求雙方必須各交一份書狀，陳明理由。我心想，是針對他又不是我，我該說的都說過了，還有什麼可寫的呢？但懾於法官威嚴，我也不敢多說。

那天上午，我枯坐在電腦前，絞盡腦汁想不出該寫什麼。眼看時間一分一秒過去，再不寫就要來不及了。我急切向上帝禱告，求問該怎麼辦。

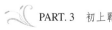

禱告完，聖靈告訴我去查看清晨靈修的內容。

那是《從信心到信心》書中的一篇短文。談到〈歷代志下〉（編年紀）20章，耶路撒冷被大軍圍攻，上帝回應百姓的呼求：「勝敗不在乎你們，乃在乎上帝。」告訴他們：「這次你們不要爭戰，只要擺陣站著，看上帝為你們施行拯救。」於是次日眾人只是穿上禮服，唱稱謝讚美的詩歌。果然，敵軍自相殘殺大敗而亡。

那篇短文寫說：「**勝利是從讚美上帝開始**！你今天正在尋求這種勝利嗎？那麼，站起來，大聲讚美上帝，呼喊：『Glory！榮耀！』看祂為你爭戰！」

我不明白這段短文和我的書狀有什麼關係。但時間緊迫，我無暇多想，就順服地站起來，在我的電腦旁大聲地呼喊：「Glory！榮耀！讚美上帝！」

還好是在隱蔽的內室，否則被鄰居看到，肯定認為我瘋了。

之後，面對空白的書狀，我趕緊胡亂寫了幾段，匆匆忙忙就趕去開庭。

庭訊開始了。法官進來，威嚴十足。一坐下就問女兒的爸爸說：「護照呢？」見他嚅嚅辯解，立刻拍案大怒，連吼幾聲：「護照呢？我問你護照呢？」得知護照還是沒帶來，法官盛怒下，馬上命令將他「限制出境」。

幾分鐘之內出現這樣戲劇的變化，我都看傻了。法官隨即問我有何意見，我戰戰兢兢拿出剛寫好的書狀要交上去，法官卻說：「我今天沒空看！」

說完站起來就走了。結束了這次最短的庭訊。

我眼前浮起早上讀的那段經文，我恍然大悟！真是太奇妙了。上帝早上就回應了我的禱告，**祂告訴我今天不用爭戰，看祂為我爭戰！**

是我的屬靈功力太淺，所以沒能在早上就辨認出這是祂賜給我的「預感」。

看到上帝的足跡，我大為驚歎，也大受鼓舞。一切都在祂的掌控之中。

這是我第一次意識到祂的同在，我不禁失聲驚呼：「祂真在這裡，我竟不知！」《創世記》裡，雅各（雅各伯）在伯特利（貝特耳）第一次遇見神的時候，就是這樣驚呼。他和神建立關係、更加認識神之後，人生從此改變。我的屬靈生命，也因遇見神、和神建立關係，**人生開始翻轉**。

你呢？你曾感覺到上帝與你同在嗎？

雅各睡醒了，說：「耶和華真在這裡，我竟不知道！」

——創世記28章16節

書中的驚天秘密

聖經是一本活的書，是上帝的道，蘊藏著無比的智慧與能力；像一把鋒利的寶劍，在屬靈的爭戰中，得以成功摧毀仇敵的詭計。

上帝曾在我半夢半醒之際向我顯現，要我穿戴祂的軍裝勇敢上戰場打官司。祂給我一件武器，聖靈的寶劍，就是聖經。果然後來我靠著英文聖經，打贏了孩子的撫養權官司。

那時我沒錢請律師，自己上庭打官司。只是英文因多年沒有使用，早已忘卻，只用僅剩的一點基礎英文來應付官司，非常吃力。

我又常接到對方律師厚厚的一疊訴狀，必須答辯，但答辯狀該如何寫、寫些什麼、是否符合家庭法的法律原則？我都不曉得。

起初我去政府法律援助處排隊，向義務律師請教，可是往往排隊排了老半天，才能談個十幾分鐘，實在很浪費時間。

我又去找了多位華人律師面談，因他們第一次面談多半可以免費。但是折騰半

天，還是用處不大。

我於是去圖書館借了一堆家庭法的書來讀。但是法律書籍十分艱深難懂，往往讀不了幾行，腦袋就一片漿糊，讀不下去了。

那時我剛受洗，為了幫助我了解聖經，牧師娘介紹我去上BSF研經團契（Bible Study Fellowship）聖經課程。這課程是免費的，一週上課一次，每天須在家大量閱讀英文聖經及講義，還要用英文書寫作業。七年讀完一本聖經。

我想起大學時代曾修過莎士比亞的文學作品，想想或許可以重溫一下舊夢，並趁機恢復一下英文能力，就答應了。

牧師娘也常和我一起上課，還故意向我借筆記，以督促我認真學習。

沒想到這一讀，就讀上癮了，欲罷不能。還讓我發現了聖經藏著的驚天秘密。

我發現，聖經不是一本普通的書，和我桌上成堆的法律書大不相同。**這是一本活的書，會和讀者產生互動，而且字句間帶著一股能力，每次讀後都會感覺有股崇高、聖潔的力量湧出，和一般說的「知識就是力量」的那種力量不同。**我常讀到整顆心都被吸引，整個人都被震動。

後來才了解，聖經就是上帝的道，是祂說的話。上帝創造宇宙時，就是用這話來創造，如同祂說「要有光，就有了光」（創世記 1:3）。難怪祂的話帶著巨大的能力，我們接近時也可以感染那股力量。

就這樣，我愛上了讀經，說是「著迷了」也不為過。但這和迷上看連續劇、打電動等上癮的情況又不相同，一般過完癮後會有點失落的感覺，但迷上讀經，讀後卻感覺智慧、能力、勇氣大增，被崇高、聖潔的氛圍環繞。

我們常說見字如見人。讀上帝的話，彷彿就是和祂見面。平常生活再忙，仍然十分渴想要和祂見一見面。

於是，奇妙的事發生了！

我打官司必須寫許多答辯狀，每當文思卡住、寫不下去的時候，我就先把狀子擱下，跑去讀BSF的講義及英文聖經。奇妙的是，就會發現有好幾個單字、幾個句子的句型，正是我需要的，直接搬過去寫書狀剛剛好，非常適用。

每當我讀法律書讀得頭昏腦脹、讀不下去的時候，也是一樣，就擱在一邊，先去讀讀BSF的講義及英文聖經，等一下再回來，艱深的法律書居然就讀下去了。

這有點像腦子當機了，跑去和上帝見個面，充個電，回來又活起來了。

就這樣，讓我讀完了好幾本家庭法的書。英文也突飛猛進。

那段時間裡，英文聖經就好像是我的家教老師，是我的好友，是支撐我的力量。每天都一定要去和它見見面，支取些力量回來繼續跑我的路。如果說**我是靠英文聖經**

打贏這場官司，那絕對是千真萬確的！

事後想想，這一切都是上帝的安排。祂定意要透過官司來鍛鍊我，在睡夢中鼓勵我勇敢上陣，並給我聖經當武器來幫助我。

祂也應許：「先求祂的國與祂的義，這些都要加給你們了。」祂的國與祂的義就在這本聖經裡面。靠著這本聖經，果真無敵不克、無堅不摧，得勝有餘了。

你呢？你感受過聖經這股力量嗎？

戴上救恩的頭盔，拿著聖靈的寶劍，就是上帝的道。

——以弗所書6章17節

永不誤事的鬧鐘

任何事如果出於上帝，祂就會負責到底。祂是不誤事、不誤時，信實可靠的神。

那時我因撫養權官司自己打，還要照顧三個孩子的起居生活，常常累得精疲力盡，倒頭就呼呼大睡，從來沒有像一些遭遇婚變的人有失眠問題。

但我也有我的壓力，那就是怕時間不夠，不能順利交狀子。每次開庭前夕，我幾乎都要趕狀趕到三更半夜，就像從前在台灣當新聞記者一樣。

有時實在疲累已極，撐不下去，只好先上床睡覺，禱告求上帝隔天早上一定要叫醒我，好繼續完成進行一半的狀子。

奇妙的是，明明我臨睡前還不確定狀子要寫什麼，隔天早上不管幾點起床，都一定能順利完成。如果那天需要寫的狀子很長，上帝就會在三點左右就叫我起床，寫到七、八點完成。如果那天需要的狀子很短，上帝會讓我多睡一會兒，六點才叫醒我。

就這樣，我自己上了六十多次庭，準時交了每次的書狀，沒有一次誤事。

顯然，讓上帝來管理我的時間，比我自己來管理有效得多。

那時兩個大孩子在上中學，小女兒才三、四歲，我到哪裡都必須帶著她。每次上法院開庭，就要先把她托到法院附設的免費托兒所去，才能上庭。

對我而言，每次開庭都是一樁不小的工程。

法院位在市中心鬧區，沒有停車位，我必須搭火車前往。除了厚重的法院文件外，我還必須帶著孩子，還有她的娃娃車隨行。

法院規定每份書狀在上庭前都必須完成規定的遞狀手續，要一式三份。所以我每次在清晨七點多寫完狀子之後，就要趕緊用家裡那台陽春的列印機把狀子印出來，然後開車衝到影印公司影印三份備用。

那家影印公司早上七點四十分才開門，我早到也沒用。影印加上裝訂，大約需要二十分鐘，完成後我必須立刻趕回家，為孩子們準備早餐，同時把小女兒弄醒，穿戴好，在八點半把他們都塞進車子，開車一起出門。

先載兩個大孩子到學校，讓他們趕赴八點五十分進校門。然後再把車子開到火車站旁的停車場，把所有東西包括小女兒和她的娃娃車都卸下來，推著走到火車站，準備搭火車到法院開庭。

那時火車站還沒有電梯設備，進出月台都必須上下樓梯。我一手抱著孩子，一手拎著娃娃車，辛苦可想而知，幸好我常碰到好心人幫忙。

下了火車，推娃娃車到法院，先將女兒托到法院附設的托兒所，才能準備上庭。上庭之前還必須先把書狀拿到文件簽發的櫃檯去，完成遞狀手續，才能進庭訊室。

我計算過，這前後總共有三十幾個動作必須完成。然而，每一次時間都掐得剛剛好，誤差不會超過十分鐘。

這三十幾個動作，環環相扣，只要漏失其中一個，或影印店等太久，或火車誤點，在在都會讓我趕不上。但奇妙的是，每一次我都能順利完成，沒有一次失誤。

以前的我，只要五個動作就開始手忙腳亂（例如燒菜，超過幾個動作，我就放棄了）；十個動作以上，肯定癱瘓。但這段時間，我卻能駕馭這樣緊湊的節奏，不慌不亂。每次都能感受到有股篤定的力量圍繞著我，讓我從心底從容鎮定、安穩順利。

在繁複之中，井然有序；在匆促之中，從容不迫。若非上帝幫助，何能如此？那曾向我顯現、應許要幫助我的上帝，果然這樣信實可靠。因祂定意要做的事，必然成就，不容任何失誤，也從無任何差錯。

你呢？經歷過這樣不誤事、不誤時的上帝嗎？

那召你們的本是信實的，他必成就這事。——帖撒羅尼迦前書5章24節

受傷的孩子

在破碎婚姻中，最受傷的是孩子，容易造成缺乏安全感、脆弱敏感的性格。唯有用正確的愛，才能為他們找到出路。

在打孩子撫養權官司的兩年間，上帝讓我學習從孩子的角度去了解破碎婚姻下孩子的需要。認識什麼才是真愛。

真愛要放下自我中心，以對方的需要去愛，而不是以自己的想法去愛。

婚姻破裂之後，保護孩子心理不受傷害是我最關切的事。我曾要求孩子的爸帶她去看心理醫生，但被拒絕了。

夫妻對簿公堂，讓孩子飽受不必要的折磨與傷害。我日日向上帝禱告，求主賜我智慧，用正確的愛加倍來愛她，彌補她在父母對峙的撕裂中遭受的殘酷傷痕。

有一次，輪到孩子的爸探視。法院規定他要交出自己護照後才能接近孩子。通常是他的律師和我確認之後，我才把孩子送過去。那天正逢假日，他律師沒上班，我無從知道他護照是否交出，所以沒敢把孩子送過去。

傍晚五點，他來電要我把女兒送過去。我告訴他，在沒有他律師確認之前，我是不會把女兒送過去的。他要求與孩子通話，我把話筒交給女兒就去忙別的事。不久，我看到女兒一邊拿著話筒一邊哭，連聲叫著說：「不要！不要！」

我嚇一大跳，趕緊幫她把電話掛了，抱起來慢慢哄她，問她發生了什麼事。才三歲的女兒抽抽搭搭地說：「爸爸說你再不帶我過去，他要叫警察來抓你！」

我心疼極了，摟著她安慰說：「你放心，警察伯伯只抓壞人，媽媽是好人，不會被抓的！」我再三保證，她才在我懷裡逐漸平息哭泣。

突然，她仰起小臉問：「那可不可以要警察伯伯把爸爸抓走，他才不會害你！」

我又心疼又好笑。我可以藉機醜化她爸爸，但我不能害她。她每星期都要和她爸爸相處那麼多天，如果仇視爸爸，日子要怎麼過？任何仇恨對身心靈都是一種傷害。

我把她摟在懷裡，搖啊搖，輕聲告訴她：「把爸爸抓去你就沒爸爸了吶，爸爸那麼疼愛你！」她不作聲了。

我知道她小小的心靈充滿了矛盾與掙扎。這些負擔對她來說實在太重了！

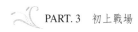

才剛安靜下來，門鈴就響了。女兒像驚弓之鳥，彈跳起來，驚慌著叫著：「不要開門！」她的恐懼寫在臉上，她怕會失去媽媽，緊抓著我不讓我去開門。

我心疼地把她放在床上，拿洋娃娃給她玩，告訴她不會有事的。看著她臉上的焦慮，我沒有去開門。不久就接到警察來電，說她爸爸去警察局告發我「阻止他探視小孩」，他要警察強制執行他的探視權，要我交出孩子。

我向警察解釋，說明了法院的規定。並說：「如果他肯把護照交給你們警察局保管，那也可以，我待會就把孩子送過去。」

我聽到警察跟旁邊的警官討論，然後回我說：「我們不適合收他的護照。你還是等明天他的律師來處理吧！」

我對女兒說：「瞧！媽媽說的沒錯吧！警察保護好人！」

那晚，我一直和女兒唱著教堂學會的聖歌安撫她，尤其是〈愛的真諦〉。她隔天就要去她爸爸那裡待上好幾天，那個讓她不安的爸爸。沒有愛，相處起來多麼殘酷！

說說另一樁讓女兒喪失安全感的事。

女兒三歲半時，在澳洲可以上幼幼園了。她爸爸同意要付學費。我花了很長的時間陪她、安撫她，她才肯進幼幼園去。

但是每個月的繳費卻碰上了麻煩，她爸爸總是故意拖欠，有時更藉機要求這要求那，否則不付費。這戲碼每個月都要上演一次。

每次碰到校長來關切學費拖欠的時候，女兒都顯得相當不安。她非常敏感，只要見到校長跟我說：「等會兒有事找你！」可憐的她當天在學校就一定尿褲子。

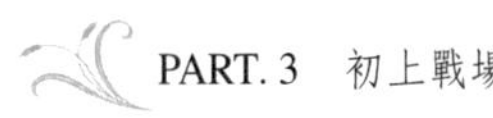

這麼小的孩子，無法用言語表達內心的焦慮，但是生理上就洩漏了她的不安與害怕。令我非常不忍。

幾個月後，我決定停掉女兒的幼幼園。每星期改上社區辦的免費幼兒園，照樣可以跟小朋友玩。雖然她爸爸又立刻呈報法院譴責我不讓孩子上學，我必須寫答辯狀去向法官解釋；但從女兒不再尿褲子可以知道，我已挽回她瀕臨危機的安全感了。

又有一次，女兒從她爸爸那裡回來，聲音沙啞像是吼叫過，我問她怎麼了。她說：「爸爸和姑姑又在說你是壞人，我氣氣，我哭哭！」她一直對他們吼「我媽媽是好人！是好人！」吼到聲音都沙啞了。

我心疼地摟著她說：「別氣氣，上帝要我們 happy！他們是在和媽媽吵架，所以會這樣說。不過媽媽知道，他們和媽媽一樣，都是很愛你的。」

女兒顯然心情踏實下來，揚起小臉，裝大人地說：「唉！他們就是愛撒謊！」在她心裡，說她媽媽是壞人就是撒謊。我也警惕自己，千萬別犯同樣的錯誤。千萬別在孩子面前說對方的壞話，讓孩子心生不安與恐懼。

我帶女兒上教堂，讓她感受上帝的愛，還有大家的彼此相愛。我發現，愛是去除仇恨最好的良藥。

不要在孩子面前說對方的壞話，卻並不意味著不說對方的實話。有些對方錯誤的

行為或觀念，也不能不讓孩子知道。一來避免他們有樣學樣，二來要從小就培養他們分辨是非善惡的能力。

但該怎麼說就很重要了，態度決定了高度。比如說：「你爸爸／媽媽這樣做很不好（例如使用暴力、不誠實等等），但他／她也有做好的事，就是他／她很愛你。」這樣的態度不致讓孩子失去安全感，又能學習分辨是非。

有一天，女兒從教堂回來，兒童主日學那天講耶穌趕鬼的故事。女兒很凝重地告訴我：「其實不是爸爸壞壞，是那個住在他心裡的魔鬼壞壞！」我附和她：「對啊！所以我們要為爸爸禱告，讓魔鬼早點離開他。」從三歲起，女兒就每天為爸爸禱告，這是她維持心理平衡的最好方式。她恨的是魔鬼，而不是愛她的爸爸。

破碎婚姻下的小孩，脆弱而敏感。**唯有加倍的愛，才能緩解傷痕；也唯有正確的愛，才能為他們找到出路**。你呢？你又如何幫助破碎婚姻下的孩子？

愛裡沒有懼怕；愛既完全，就把懼怕除去。

——約翰一書4章18節

上帝的震撼教育

上帝是鑒察人心的上帝。屬靈的戰爭中，祂賜力量給動機純正、心態正直的人。

撫養權官司判決前，上帝給我上了一課震撼教育，再次端正了我打撫養權官司的動機：是為了孩子，不是為了自己。徹底殺死我對女兒的占有慾。

上帝要我牢牢記住：爭取撫養權，是**為了要好好教育她，並獻給上帝；而不是滿足自己的占有慾**。

澳洲撫養權官司，判決前都會先出一份「家庭報告書」，由心理醫生或精神科醫生來分析撫養權交給哪一方比較符合孩子的利益。醫師會先與父母雙方分別約談，記下孩子與父母互動的狀況，然後做出結論。

這份報告書很有效力，法官一般都根據它來做判決書。如無意外，就等同於判決了。但我的案子卻是少數的例外。

有一天，我接到醫師診所來電，要我約時間帶女兒去和醫師談談。我特別找大女兒一起去，想讓醫師看到女兒和姐姐的互動相處融洽。只是約談時，女兒在她娃娃車

上睡著了，醫師沒能看到我們互動的情形。

輪到女兒和她爸爸去和醫師約談了。女兒在一旁無聊，她爸爸就向醫師要了紙筆，讓女兒在旁邊塗鴉。醫師看到了他們互動良好。

醫師也看了他律師寫的厚達幾百頁的訴狀，將我形容為「情緒不穩、焦慮、易怒、不喜歡小孩」的媽媽，說我不適合有撫養權。

而我沒有律師，答辯狀又沒來得及送給醫師參考，所以醫師只聽信一面之詞就做了報告書。結論是：孩子與父親關係較親，撫養權應該判給父親。

接到這份家庭報告書，我差點崩潰。

被誤解的冤屈及被醜化的憤懟讓我泣不成聲，我跪倒在地，向上帝哭喊：「為什麼？為什麼會這樣？太不公平了！祢為什麼要讓這樣的事發生？女兒是祢讓我找回來的，難道祢又要收走？」

眼前浮現上帝要亞伯拉罕獻兒子的景象。上帝賜給亞伯拉罕在百歲得子，卻又要他把兒子獻為燔祭。每次讀到這段經文，我總是很害怕上帝會這樣試驗我。

越害怕就越會發生，這是莫非定律。我越害怕失去女兒，就發生這樣的事。

正在痛苦哀嚎時，四歲的女兒走過來，拍拍我的背說：「媽媽不哭！媽媽不哭！我愛媽媽！我愛媽媽！」並鑽進我懷裡一直親我。

上帝聽了我的哭求，派這小天使來安慰我。只是我好愛她，如何捨得沒有她？

聖靈提醒我：「在澳洲，就算沒有撫養權，還是有探視權，不會看不到她的。」

我平靜下來。既然不會失去她，即便沒有撫養權又有什麼關係？

聖靈又提醒我：「你對女兒的愛和她爸爸有什麼不同？上帝為什麼要幫你？」

我想起來，我曾向上帝發願，只要找到女兒，就要把她獻上當成活祭，依正道教養她成為討神喜悅的人。我連忙說：「我沒有忘，我沒有忘！」

愛是付出，不是占有。爭取撫養權是為女兒的利益，不是為自己的占有慾。**我爭的不是撫養她的權利，而是教養她的責任**。

屬靈爭戰要勝利，基本上必須動機純正、心態正直。上帝是鑒察人心的上帝。

林肯在南北戰爭時向上帝禱告，不求上帝站他這邊，但求自己站在上帝那邊。

上帝藉著這份家庭報告書，讓我重新檢視自己的動機，端正自己的心態，讓自己清清楚楚地站到上帝的真理那邊。

兩天之後，法院正式開庭。我像溫習過功課一樣，熟練而鎮定地陳述我為什麼要爭取女兒的撫養權。

撰寫報告書的醫師也出庭了。在聽完我的陳述並讀完我的答辯狀後，當庭承認之前受了誤導，現在搞清楚了。

法官問他：「那你準備更改你報告書的結論嗎？」

醫師答：「是的。我更改結論：撫養權不應該判給爸爸，應該判給媽媽。」

我當庭聽了這話，眼淚差點掉下來。

法官後來也在判決書中記載：「醫師當庭承認他對這位妻子的評斷是錯誤的。在了解真相後，他坦承錯誤，一點也沒有維護之前所做的報告。」

之前的誤判就像一場戰前的演習，並不是真的，是上帝在給我上震撼教育。如果沒有經過這場演習的鍛鍊，我可能無法打出如此漂亮的一仗。

上帝定意要把勝利賜給我，但要我以最純正的動機與最正確的心態去爭取。

你呢？願意把孩子當成活祭獻給上帝嗎？

將身體獻上，當作活祭，是聖潔的，是上帝所喜悅的。

——羅馬書12章1節

真愛的方式

真愛是在別人的需要上看見自己的責任。沒有真正了解他的需要，就不是真愛。

澳洲家庭法院就女兒的撫養權官司進行了四整天的聽審，包括交叉辯論。法院特別為孩子聘請了獨立的律師及狀師，站在孩子的立場做考量，為孩子的利益做辯護。

開庭第一天，孩子的狀師一開始就跑來衝著雙方父母很不客氣地說：「孩子是共有的，有什麼好爭的？」

我連忙表示我是被告，不是我要爭，是他要與我爭。

狀師又問雙方：「如果孩子判給你撫養，你願意讓對方有多少時間探視孩子？」孩子的爸搶先回答說：「每兩個星期給她媽媽探視一天！」狀師露出反感的表情，問他：「那反過來如何？撫養權判給這位太太，讓你每兩個星期探視一天好不好？」他立刻回說：「不好！」

在澳洲，孩子通常是每兩個星期給對方探視兩天，一天顯然太少了。我一聽，就知道他輸定了。我也突然明白，庭審前兩天上帝為何要給我上一堂震撼教育，原來也是怕我答錯，一錯就輸了。

越想獨占孩子，越會輸掉撫養權官司。因為孩子不是父母爭奪的戰利品。愛他就要為他付出，而非奪來占有。

輪到問我了，我回答說：「只要他別再把孩子帶到我找不到的地方去就好。他想探視幾天就探視幾天吧，我無所謂！」

狀師一聽頗為不解，我這才告訴他之前女兒被她爸爸藏匿在台灣不給我看的慘痛經歷。現在既然孩子回到澳洲，我不怕失去她了，那多幾天少幾天又何妨？

兩天前家庭報告書建議撫養權判給爸爸，我已做了最壞的打算。**置之死地而後生，胸中自有一股無所畏懼的勇敢與坦然。**

經過四天庭訊，法官果然把女兒的撫養權判給我了。判決理由寫得十分直白：「這名父親毫無疑問可以提供孩子物質上的滿足，但他卻不了解孩子精神上的需要，對孩子的心理及精神層面缺乏認識。例如孩子需要母親，他卻多次強行將孩子抱離開母親，對孩子造成精神傷害。」

孩子的爸花了大筆律師費，仍然輸掉撫養權，主要就輸在他太自我，不了解孩子。

女兒的撫養權官司，她爸爸原本打的是金錢戰術。強調他可以提供孩子最好的生活及教育，還能經常帶女兒旅行，住豪華酒店。將來他也願花錢栽培女兒，讓女兒學鋼琴、游泳、網球。因為他財力雄厚。

而我這一方，一窮二白，連律師也請不起。遑論給女兒什麼物質享受。很多朋友一開始都會問我：「你沒錢，孩子會判給你嗎？」一般的想法以為有錢撫養能力就強，但澳洲的想法完全不同。

澳洲觀念源自於基督宗教信仰，認為撫養能力是看時間，不是看金錢。撫養權多半判給母親的原因，是因母親有較多時間照顧孩子，父親通常要上班。所以女兒她爸向法院聲稱他不用上班，可以全職照顧小孩。

但是沒有錢怎麼撫養孩子呢？澳洲法律規定，撫養費是父母共同的責任，誰有錢誰就多出一點；與孩子跟誰住，或撫養權歸誰無關。如果真的沒錢，政府會養。

對孩子最重要的不是金錢，而是愛。真愛不是只想占有，而是願意為對方的需要付出及犧牲。

真愛不是依照自己想的方式去愛，而是要了解對方，按對方需要的方式去愛。德蕾莎修女就說：「真愛是在別人的需要上看見自己的責任。」

許多父母並不真的了解孩子，他們的愛充滿了自我中心。例如：「有一種冷是你媽覺得你冷。」

還有些父母望子成龍、望女成鳳，並不真正了解孩子的天賦是什麼，一味迫使孩子走父母期待的路。這樣的愛讓人遺憾。

你呢？你了解你的孩子嗎？

耶穌說：我怎樣愛你們，你們也要怎樣相愛。——約翰福音13章34節

PART

4

漫長的爭戰

撫養權官司之後，我又打了十二年冗長又複雜的財產官司。

如果說打撫養權官司讓我認識上帝，打財產官司才讓我真正經歷祂、降伏於祂的主權，並且開始操練信心。

信心的操練並非一蹴可幾，而是像疊磚塊，一塊一塊往上疊，直到堅固不移。

因為凡從神生的，就勝過世界。使我們勝了世界的，就是我們的信心。
——約翰一書5章4節

荊棘裡的信仰

世俗的思慮如荊棘，會把天道擠開。披荊斬棘、騰出空間，才能讓天道安居在心。

自從沒有請律師、靠自己打贏撫養權官司之後，我對自己信心大增，想東山再起的慾望就一直縈繞著我，揮之不去。

我並不是想找回以前的榮華富貴，只是想憑自己的才幹，東山再起。過去的人脈、資源都還在，我躊躇滿志，磨拳擦掌，想要有所作為，開創新局。婚變的患難與逼迫沒讓我跌倒，世俗的光環與誘惑卻仍讓我心動。

我開始到朋友的證券行去上班，與過去的朋友聯繫，思索著如何把台灣的那一套拿來澳洲運用。心中充滿了成功的慾望。

然而，「謀事在人，成事在天」。沒有取得上帝的批准，怎麼可能成功呢？果然才幾個月，上帝就斷了我的路。我接到財產官司一審判決，輸了，憂煩攻心，病倒了，工作也丟了。上帝斷了我重返世俗紅塵的念想。

上帝定意要鍛鍊我成為祂的僕人，在我靈命還未堅固之前，怎麼可能放我回世

俗？祂要做的事，絕不半途而廢。

耶穌曾說過一個撒種比喻，上帝的道撒在荊棘裡，就像「人聽了道，後來有世上的思慮、錢財的迷惑把道擠住了，不能結實」（馬太福音 13:22）。世俗的思慮和成功的誘惑是追求屬靈生命的絆腳石，是信仰路上的荊棘叢林。若不清除乾淨、騰出空間，就容不下上帝的道。

我的信仰之路仍然如此充滿荊棘。在沒有清除乾淨前，靈命很難成長。**上帝的道既聖潔又豐富，髒亂的心留不住聖潔，擁擠的心容不下豐富。**迎接屬靈新生命，就要「脫去舊人，穿上新人」（以弗所書 4:22-24），斬斷老我，讓新我生長。

上帝斷了我回世俗之路，祂不要我剛萌芽的信仰在荊棘叢林中窒息而死，祂要我披荊斬棘去爭戰，直到信仰在心中完全紮根為止！

你呢？你的信仰之路還有荊棘嗎？

凡想要與世俗為友的，就是與神為敵了。

——雅各書4章4節

為心靈打點滴

身體復原靠點滴注射，心靈復原靠經文餵養。這是上帝為我們準備的一條出路。

有時遇到正在受苦的人，不知如何安慰；這時若能用經文來餵養他，就像注射點滴，效果驚人。

因為上帝的話帶著應許與祝福，是受苦的心靈最有營養的補品。苦難中的人得此養分，很快就能恢復心的力量。

在我走投無路快滅頂的時候，就曾這樣被餵食過，所以我知道。

那是一個飄著冷雨的下午，我向上班的公司請了假，帶著五歲的女兒開車到家庭法院聆聽財產官司一審的判決。

那是在撫養權官司勝訴的半年之後。我仍自己打財產官司，沒請律師。打了半年，那天要宣判了。

我領取了判決文，帶著女兒坐回車上，展開判文閱讀。不看猶可，一看猶如晴天霹靂，五雷轟頂。

法院採信前夫的說詞，判定我住的房子要還給銀行，我和孩子必須在六個星期內搬出去。

我嚇呆了！搬出去？搬到哪？我完全無法接受這樣的結果。女兒被我的哀嚎嚇住了，也跟著哭起來。我全身顫抖，眼前一片黑暗。

我跟上帝生氣：「為什麼？為什麼讓這樣的結果臨到我？這樣還有公道嗎？」

窗外的冷雨沿著窗玻璃一條條流淌而下，殘酷地切割著我的心。昏黃的街燈照在寒雨籠罩的街頭，顯得無比悽涼。

我癱在車上，根本沒有力氣把車開回家。

時間在女兒的害怕及我的失魂中緩慢挪動，我們倆在車內哀哭了三個小時。

我強打起精神，撥電話給一位姐妹及牧師，他們安排了一位弟兄來幫我開車回家。回到家，牧師及幾位弟兄姐妹已趕來探視。我虛弱得只能任她們把我扶上床，一句話也說不出來，像個活死人。

我哭腫的雙眼呆滯而茫然，我的心如拉結（辣黑耳）一樣，「不肯受安慰」（耶利米書／耶肋米亞 31:15），連一向在心裡的聖靈的聲音都聽不到。

當人與上帝對抗，人心固執剛硬的時候，聖靈只好憂傷地隱藏。

我就這樣在床上躺了三天無法起身，靠教會弟兄姐妹們輪流來家裡照顧我。

然而，上帝並沒有撇下我或棄我不顧。祂曉得拉結的痛苦，當然也曉得我的痛苦。祂派天使來餵養我。

一位姐妹不斷打電話進來，在我耳邊唸經文。

起初我一點反應也沒有，用沉默代替抗議。但她唸完就掛斷了，一句話也沒多說。過半天又打進來，又一樣唸完就掛斷。就像是在為我注射點滴。

經文就是上帝的話，帶著巨大的能量，可以讓死掉的心復活。而且許多經文帶著上帝的應許，聽在我耳裡比強心針還滋補。

我又開始聽到聖靈溫柔的腳步聲了。

我像遇到了久違的親人，用內心最大的聲音向祂哭喊：「怎麼辦？怎麼辦？我受不了了！我已經無路可走了。」

聖靈輕輕地撫慰我說：「放心！不會沒路走的。上帝會為你開一條出路，不會叫你承受你承受不了的。你一定要有信心，盼望那最終的祝福。」

我虛弱地問：「但路在哪裡呢？」

聖靈回答我：「不就在讀經禱告之間嗎？」

聖靈像路標，為我指出了路徑；但是要走上路，還是必須靠自己的腳。

我活過來了，天無絕人之路。為了尋找上帝為我開的那條出路，我加倍讀經、禱告，盼望著看到明天的陽光。

你呢？你有過心死了又復活的經驗嗎？

你們所遇見的試探，無非是人所能受的。上帝是信實的，必不叫你們受試探過於所能受的；在受試探的時候，總要給你們開一條出路，叫你們能忍受得住。

——哥林多前書10章13節

第一次與神對話

要認得出一個人的聲音，必須先熟悉他這個人。要認得出上帝，也必須先熟悉祂。

上帝和信徒的關係其實是雙向、互動的。我們向祂說話，祂也會回應我們，甚至與我們對話。

禱告就是我們向祂說話，祂通常用聖經來回應我們。因為聖經本就是祂的話。但如果我們不認識祂，那即使祂說話，我們也不會注意，就像我們不會注意過路的陌生人一樣。

如果不熟悉祂的聲音或祂的話語，或祂講話的樣式，那即使祂對我們說話，我們也會聽不清楚，像收音機頻率沒調好一樣。想要聽清楚，需要調對頻率。

我第一次認出上帝的聲音，並與祂對話，是在那天清晨靈修的時候。那時我財產官司敗訴，必須在六個星期內搬家。我與三個孩子該何去何從？我滿腹疑問，想找出答案。

我依聖靈給我的靈感，在讀經、禱告中尋找出路。

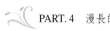

那天讀的是〈箴言〉，讀到3章33節時，經文的字彷彿從書裡跳了出來，每個字都像是在對我說話：「耶和華賜福予義人的居所。」

我心暖暖的，清明通透地意識到**那是上帝在回應我的禱告**。

這是我第一次如此鮮活地接到祂的回應。

但這是真的嗎？是對我說的嗎？我有點心虛，向祂求證：「祢是在對我說話嗎？可是我充滿罪過，我並不是義人啊！」

祂用很清晰的心音說了四個字：「因信稱義。」聲音大到有回音，如雷貫耳。

哦！我懂了。意思是：只要我信，我就是義人。那這應許就是針對我的了。

得到這樣清晰的回應，令我興奮無比。

當時，我有幾個選擇：一是搬到政府避難中心去住。二是搬出去租個房子住，然後找工作賺錢付房租。三是不搬出去，借錢請律師為我上訴。

兒子那時正在考大專聯考，一科一科地在考，如果這時搬家，會不會打擾他考試？他好不容易從我婚姻的動盪中走出來，若考試失敗，會不會毀了前程？

但要上訴，看起來成功的機率不大。要抓出原判的漏洞，多不容易！而且哪來的律師費？在澳洲的律師費很貴的。

但現在上帝既然應許保護這個居所，那我就不搬了，先去提上訴凍結房子吧！

至於哪來的律師和律師費，那是以後的事，以後再說。**祂既應許，就會負責。**

我開心地向三個孩子宣布：「天父告訴我，不用搬家了。」

這是我第一次這樣近距離與上帝接觸，與祂對話。但嚴格說起來，上帝透過聖靈對我說話已經有一段時間了，只是我都把那個聲音當成自己「良知」的聲音，從來沒有認出那就是「聖靈」，就是三位一體的上帝。

一直到我讀了聖經，對上帝比較了解以後，才認出就是祂的聲音。

也的確，若不熟悉，怎麼認得出是誰呢？就像聽電話，如果夠熟悉，對方一聲「喂」或「Hello」就足以認出是誰了。對人如此，對上帝何嘗不是呢？

你呢？你熟悉上帝的聲音嗎？

耶穌說：我的羊聽我的聲音，我也認識他們，他們也跟著我。

——約翰福音10章27節

凌晨四點的約會

如果說每週上教堂聽道是走路，每天讀經是搭車，那按次序讀經就是搭飛機。

還沒有和上帝建立關係之前，祂是高高在上的神，離我好遠；建立關係之後，祂是慈愛的天父，是每天可以和我互動、對話的朋友。

上帝對我進行第二波的鍛鍊計畫，就是從操練我聽祂聲音、和祂建立關係開始。經過這樣的操練，祂是我的主、我的神了。

有過第一次和神對話的經驗，我發現祂不再那麼遙不可及。我不再怕拿一些小事去煩祂。我越來越渴慕與祂親近。我發現，祂每次對我說話總是透過經文，我開始非常渴望讀經，期待與祂再次相遇。

於是我每天凌晨四點就起床，藉著靈修與祂約會。每天都像會情人般興奮。

我先禱告，然後用禱讀的方式，按照次序讀經。每天讀四章：舊約一章、新約一章、詩篇一篇、箴言一章。

禱讀是用禱告的方式來讀經，這是經歷神同在很好的方法，能很快地接到上帝的

回應。一禱一讀之間，就像在與神對話和互動。

經常，我在禱告中向祂傾吐的事，當天或隔天讀的經文就會出現祂的回應。怎麼知道是祂的回應呢？就是讀到某一節或某一句，特別有感觸或感動，字彷彿從書中跳出來，在腦中閃了又閃。只要我們謙卑自己，就一定會察覺得到，而且會越來越敏銳。

有時一天到了尾聲才發生的事，清晨讀經就已出現預言。讀的時候可能沒有察覺，但事情發生當下就猛然想起。經文浮現就是祂同在的標誌，就知道祂在那裡。

有趣的是，對相同的事情，祂還未必每次都給出相同的回應。例如那時和叛逆期的兒子常有吵架，禱告後接到的回應有時是「不要惹兒女的氣」（以弗所書 6:4），那麼就對兒子來軟的；有時是「趁有指望，管教你的兒子」（箴言 19:18），那就對兒子來硬的。每次都非常管用。

按照次序讀經有很大的好處。不是對神有好處，而是對我們自己有好處。若不按次序，我們常會循自己的想法去亂抓經文來穿鑿附會，那未必是神的意思。但有次序地讀，出現祂的回應，就不是巧合了，我們自己也會信心大增。

在恩典的路上，如果說每週日上教堂聽道算走路；每天主動讀經就像搭車；那按次序讀經可說是搭飛機了。

用正確的方式操練，就會接到神的恩典。那不是偶然，是必然！**成功的基督徒就是透過操練，把神的恩典從偶然變成必然。**

我也養成每天做靈修筆記的習慣。把當天禱告的內容記下，也把上帝的回應記下。事後對照一看，祂回應的比例非常之高。有時當天就回應，有時在隔天或兩三天後回應。出現這麼高的回應比例，就不是偶然或碰巧可以解釋的了。靈修筆記見證了這些日常生活的小奇蹟，更加提振了信心。和上帝的互動越頻繁，對祂的信心就越強；信心越強，遇到的奇蹟就越多。

你呢？是否每天都享受與神的約會？

多馬說：「我的主！我的神！」

——約翰福音20章28節

察知天意的方法

早一點察知天意，無往不利。但須學會分辨，到底是天意還是己意？

順天者昌，誰都希望能夠早點知道天意。天意就是上帝的旨意。

察知天意不是算命，是上帝給信徒的一個特權，透過禱告、讀經來求問祂的旨意。禱告是向祂求問，讀經是接收祂的回應。

心態不正確的求問，當然得不到上帝的回應。比如求問大選誰會當選、問彩券的明牌是哪一支。但謙卑地求問和自己有關的事情，往往可以得到回應。

尤其和神關係好，祂樂意讓你提前知道一些事。祂要毀滅所多瑪時就說：「我所要做的事豈可瞞著亞伯拉罕呢？」（創世記 18:17）因亞伯拉罕和祂的關係親密。上帝是非常夠朋友的，雅各說：「你們親近神，神就必親近你們。」（雅各書 4:8）

把禱告當呼吸，讀經當吃飯，就能與上帝有好關係，能及早察知祂的旨意。

有一次，教會的朋友邀我參加某個活動，我本不想參加，禱告後，覺得意外平安，便參加了。結果為我帶來一筆小收入，也讓我重拾職場工作的自信。

又有一次，我本來很想參加一個團體，禱告後，神攔阻，就沒有參加。結果該團體鬧糾紛，我幸運地躲過了。

但是該如何分辨到底是來自神的意思，或只是自己的意思呢？

我們通常用三個指標來察驗：一是上帝的話；二是環境的配合；三是平安的感覺。

若是上帝的意思，通常會有一句經文出現，經文就是上帝的話。

然後環境會有所配合。例如感覺某人是上帝賜予的婚戀對象，可以開口邀約，若對方答應了，八字就有一撇了。

最重要的是平安的感覺。平安是上帝喜悅與認可的記號，像蓋了章背書。所以〈路加福音〉2章14節說：「榮耀歸於至高神，平安歸與祂所喜悅的人。」

平安並不是什麼事都沒發生的平靜，上帝所賜的平安是一種豐富而篤定的感覺，就像在洪水翻騰中的方舟，依然穩妥。

你呢？你曾用這些指標來察驗上帝的旨意嗎？

不要作糊塗人，要明白主的旨意如何。

——以弗所書5章17節

預感的能力

不要消滅聖靈的感動，因為這樣極可能錯過了上帝給你的預感。

自從把禱告當呼吸、讀經當吃飯以後，和上帝的關係越來越親密，和以前最明顯的不同，就是判斷力、辨識能力增加，預感的能力變強了。

那時，教會有一對夫妻打算從雪梨搬回台灣，準備把車賣了。我剛好想換車，但財力有限；若要買，只能請台灣的家人資助。我禱告求問上帝是否可行。

當晚，我做了一個夢，夢到車子在雪梨賣給我，但車款由家人在台灣付。

後來我詢問那對夫妻，但他們希望收取澳幣，並不接受台灣付款，我也就作罷了。

兩個多星期後，就在朋友上飛機前幾天，他們主動問我是否還有興趣買車。

我回答：「有興趣啊，但沒錢。必須等台灣家人匯錢過來才行。」

朋友立刻說：「我們現在不再需要澳幣了，可以直接在台灣付我們台幣嗎？」

那當然最好不過。與我做的夢完全吻合。上帝早就給我預感了。

又有一次，朋友從台灣來訪，在電話中告訴我：「你前夫託我帶一樣東西給你。」

我心中很忐忑，不曉得他又搞什麼花樣。因為不久前才因此造成不必要的麻煩，我便禱告求問上帝，我這次是該收還是不收？

不久，心中有個靈感興起：「那是一張支票，法院判他需付的錢。」

果然，朋友來了，拿出一個信封。我說：「是張支票，對不對？」

朋友驚訝地問：「你怎麼知道？他告訴你了嗎？」

我回答：「不是他，是我的上帝！」

靈感是聖靈給我的預感。

這種預感能力同時也出現在當時五歲的女兒身上。因為從小就帶她上教堂，她對上帝的信心非常單純且專一。

每次我鑰匙弄丟了，女兒與我一起禱告，不久就能準確說出鑰匙掉在哪。那時車庫的電動門常因電流不順而卡住，每次也是在女兒禱告後就奇蹟式地恢復了。

上帝總是願意把預感賜給專心信靠祂的人。

你呢？經歷過上帝所賜的預感嗎？

不要消滅聖靈的感動。

——帖撒羅尼迦前書5章19節

來自天堂的律師費

遵行上帝的旨意，走祂的道路，祂就會預備你一路的行囊，供應你一切的需要。

基督徒經常會被問：「上帝哪一個屬性對你最有意義？」打官司那些年，我總是毫不猶豫地回答：「供應者！祂是我最大的供應者。」

我和前夫的官司打了十四年，共花了五十萬元澳幣的律師費，都是祂供應的。我經歷了祂的信實：**只要照祂的旨意去行，祂就會供應你一切的需要**。

當年，我的第一筆律師費就是祂以奇蹟的方式供應我的。

財產官司第一審敗訴後，我決定上訴。因為牽涉層面複雜，我必須找律師。那天早上靈修，我求問上帝該找哪一位律師，不久得到靈感，找一位住在南區的香港女律師。但我打電話給她，卻碰了個大釘子。

在澳洲，華人律師通常會給客戶第一次諮詢免費。我曾用過這位女律師好幾個這樣的「第一次」，沒付過她半毛錢。所以當我打電話想找她接案時，她以為我又在耍她，很兇地說：「真要我做，就帶一千元來見我，否則免談！」

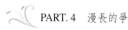

我狐疑地心想：「這真的是上帝的旨意嗎？是她嗎？我現在哪有一千元澳幣？」

就在那時，一位剛認識不久的姐妹上門來探訪我。她不是我們教會會友，事先也並不十分清楚我的情況。她只是很熱心，願意每週來教我如何「禱讀」。

她看我一臉愁容，問我怎麼回事？我據實以告，也告訴她我心裡的疑惑：「找這位女律師到底是不是上帝的意思？我的靈感準不準啊？」

她回答我：「不要疑惑，就是她！」

她拿出一個信封袋，裡面赫然是一千元澳幣。信封上寫著「耶和華以勒」，就是「上帝已預備」的意思。

她說：「我早上靈修，上帝啟示我帶一千元來給你，不用問為什麼。現在聽你講你早上發生的事，我就全明白了。所以不要懷疑，就是她！」

我一邊非常驚奇，一邊婉拒，心想非親非故，這我怎麼能收？

她見我推辭，說：「你怎麼把上帝的恩典往外推呢？還不趕快感謝。」

我連忙稱謝收下。她又強調：「不要謝我，要感謝上帝！」

這就是上帝為我預備的第一筆律師費，也是為我預備的第一位律師。

事後我才知道，這名姐妹家境並不富裕，平日省吃簡用，但她居然如此順服神！

於是我許願，一旦張羅到律師費，就立刻還她。將來若拿回財產，更加倍償還。

沒多久，我以前的老闆支助我一筆律師費，我興沖沖就拿了一千元要還給這位姐妹，不料她堅持不收，要我自己捐出去，不能用她的名義，不得透露她姓名。她說：「聖經教我們，你施捨的時候，別讓左手知道右手所做的。這樣才不會折了上帝給我們的福氣。」後來，我把一千元傳下去，幫助另一位單親姐妹打官司，她勝訴後還了回來，最後捐給了教會。

這位姐妹「為善不欲人知」的美德讓我深受感動，她和上帝的關係令我羨慕，上帝藉著她讓我見證了奇蹟。我對上帝更加渴慕了。

你呢？經歷過上帝的供應嗎？

亞伯拉罕就取了那隻公羊來，獻為燔祭……給那地方起名叫「耶和華以勒」。

——創世記22章13－14節

延後十分鐘的日晷

上帝的奇蹟總是回應人的信心。感謝比祈求的信心更大，帶來奇蹟也更快。

那天，是奇蹟的一天。

一早我接到律師的電話，說聖誕節快到了，法院會休假，她擔心我前夫趁這段時間持一審判決來拿房子，要我務必在假期前取得房子的凍結令，才能住得安心。她要我中午去她的辦公室取她做好的書狀，下午趕緊去家庭法院遞狀。

我接到她電話時，正在用大火燒一鍋湯。本想等湯燒滾了就駕車出門參加一個查經聚會，但接完電話就忘了這事，爐上那鍋湯就一直大火燒著。

查經聚會完，我去幼兒園接了小女兒，正想出發去律師辦公室。心想今天要開頗長的一段路，便打算放個屬靈的錄音帶來聽聽，免得車上無聊。

我把錄音帶放進車子的音響，卻沒有聲音。那車是我剛買下的二手車，還不熟悉。我心想，肯定是我不會用才放不出聲音。車子的使用手冊在家裡桌上，要不要回去拿呢？回去的話，時間會不會拖太晚？正猶豫間，聖靈強烈地催促我趕快回去。

就這樣一念之間，我順服了聖靈，決定回家一趟。

聖靈的感動常常是救命的預警，錯過了恐怕會令人遺憾。

一到家，剛打開門，一股濃煙及焦味撲鼻而來。我這才想起早上燒的那鍋湯。大火燒了兩三個鐘頭，鍋子全毀，塑膠的鍋柄也熔化了。如果晚一點回家，熔化的鍋柄肯定掉到地上，燒著地板，那可真是火燒屋了。

我自己也嚇呆了，愣了半天，那天清晨讀經的經文浮現腦中：「我們雖經過水火，上帝卻帶我們到豐盛之地。」（詩篇 66:12）就是和火有關。毫無疑問，這是上帝的保守。而且才一個月前，祂應許要照顧我的居所，祂果真信守承諾。

事後發現，車子的錄音機沒問題，是那卷錄音帶壞了。上帝就是這般使萬事互相效力，藉著一捲壞掉的錄音帶，挽救我的居所免遭火災侵襲。

將燒壞的鍋子緊急處理完畢，我不敢多耽擱，趕忙上路。

拿到書狀時已經下午三點半，法院收發處四點關門，我必須趕在四點前遞狀。這段路我從沒駕車走過，心中十分忐忑。我載著五歲的小女兒一路往前衝，只是眼前的車子一輛接著一輛，塞車嚴重。我急如熱鍋上的螞蟻。心想這下真來不及了！

我埋怨地向上帝哭訴：「真要讓我趕不上嗎？祢知道後果有多嚴重嗎？」

但是越埋怨，心情越焦躁。我急得渾身快要起火。這時聖靈又來提醒我了：「記得大衛王（達味王）在曠野被追殺嗎？急難中他沒有埋怨，反而讚美感恩呢！」

感恩讚美會迅速改變磁場，是支取上帝大能最快速的方式。

我想起來，的確有牧師這樣說過：感謝讚美比祈求有效。我姑且試一試。

我叫女兒和我一起唱讚美詩歌，開口大聲做感恩禱告：「主啊！感謝讚美祢！啊！又遇到紅燈了！」、「主啊！感謝讚美祢！啊！車子又塞住了！」

但奇妙的是，感謝的禱告像一帖清涼劑，讓我一顆焦躁的心立刻平靜下來，整個人像被釋放了一般。反正我無能為力了，我放手吧！完全交託給天父了。

我也驚訝地發現，長久以來不曉得該如何交託、放手，現在就這樣學會了。

眼前出現兩條叉路，我不知該走哪一條。我繼續感謝禱告：「主啊！感謝讚美祢！我不知該走哪一條，但我曉得祢知道！」

才說完，一股力量拉著我的方向盤，往右邊那條去了。我清楚感覺到這股力量絕不是出於我自己。這力量如此篤定，絕非出於偶然或碰巧。

詫異中我發現法院大樓赫然出現在我前面，我一點也不明白是怎麼到達的。

一看錶，三點五十八分，只剩兩分鐘了。我顧不得門口規定不能停車，對女兒丟下一句「你先別動，媽媽馬上回來！」就衝向收發處。

一拿到等候單，我的心就安了。只要在四點關門前拿到等候單，法院就一定要受

理我的遞狀。我又轉身衝回車子，看見女兒自己下了車，一邊哭一邊走上來。

兩名警衛也跑了出來。我一邊哄孩子，一邊揚揚手中的等候單向警衛解釋。兩名警衛逗了下孩子，居然說願意幫我看著車，讓我趕快進去完成遞狀手續。

我簡直不敢相信，就這樣完成了一樁不可能的任務，太不可思議了。

我駕著車再回律師的辦公室，同樣的路程，來的時候僅花了二十八分鐘，回去卻走了一小時四十五分鐘，開錯了兩次叉路，邊看地圖才找到路。

那天晚上八點多才回到家。家裡的燒焦味尚未完全散去。但我的心出奇地平安，且充滿喜樂，因為上帝親手拉著我完成一件難成的事。

兩天後，法院批准了我的申請。上帝果真實現祂的應許，照顧我的居所。

事後我和一位姐妹分享這次經歷，她說：「上帝為你把日晷延後了十分鐘。」

我不知道上帝是怎麼辦到的，但我知道，**在我不能，在祂凡事都能**。

你呢？經歷過感謝代替祈求的奇蹟嗎？

凡以感謝獻上為祭的，便是榮耀我；那按正路而行的，我必使他得著我的救恩。

——詩篇50篇23節

剛硬的心

神使你的對手心剛硬，是為了要解救你逃離被苦待的命運。否則心軟的你，總是出不了埃及。

以前讀到〈出埃及記〉敘述「神使法老王心剛硬」，心中總有很大的疑問，為什麼神一方面要法老王讓以色列人出埃及，另一方面卻又使法老王心剛硬、不讓以色列人走呢？以色列人沒出埃及，到底是法老的責任，還是上帝的責任？

後來經過我自己打官司，終於了解那是怎麼回事。

和前夫打財產官司的時候，我一點把握也沒有，律師費又貴得嚇人。我興起庭外和解的念頭，希望官司不要打了，否則錢都給律師賺走，對雙方都沒好處。

我動用了以前的人脈關係，去向他長輩拜託，勸他和解，放我一條生路。

我天天為此禱告。但不管如何，只要讀經就會碰到這節經文：「神使法老心剛硬。」聖靈提醒我：「求他沒有用，上帝使他心剛硬，他是不會答應與你和解的。」

這與我的期待不同，所以我下意識地忽略了聖靈的聲音，仍然執拗地想辦法求

和。我想：「這經文肯定不是回應我的，上帝怎麼會希望人打官司呢？」沒多久，長輩回話：「他心很硬，就是不願和解。」長輩也因此很不高興。

但我就是不死心，仍用自己的方法去請託各種關係，就是想和解。但每一次都碰壁，而且每一次讀經都一再出現同樣的「神使法老心剛硬」，想忽視都無法忽視。

幾年之後我才明白，一切都是上帝在掌權，求人是沒有用的。我用自己的力氣去強求，一點效果都沒有。衝得滿頭大汗，祂不批准，還不是枉然？**這是上帝特別的護佑，一直不放棄地點醒我，沒有任憑我執拗下去。**

我終於醒悟懺悔，乖乖順服，放棄求和。但也自此在官司上一路蒙福。〈箴言〉3章5節教導：「你要專心仰賴耶和華，不可倚靠自己的聰明。」這才是真智慧。

上帝比我還了解我自己，祂知道我心軟，一旦和解就永遠別想逃離邪惡的命運。所以祂使我前夫心剛硬，讓我求和被拒，退無可退，只能努力作戰。

那麼到底是法老王心先剛硬，還是神使他剛硬的呢？

從我的例子就知，前夫的心很早就剛硬了，神只是讓他越來越剛硬。法老王也是如此。法老心先剛硬，神就讓他越來越剛硬，不容以色列人跟著摩西走，直到上帝降下十災，以色列人才得以出埃及。

這是上帝另一個「越來越」的律：**心剛硬，祂就讓你越來越剛硬；心溫柔，祂也讓你越來越溫柔**。正如〈馬太福音〉13章12節說：「凡有的，還要加給他，叫他有餘；凡沒有的，連他所有的，也要奪去。」

上帝重視的是人的心。因為人的心也掌握在祂手中，包括法老王的心。我們周遭其實有很多類似的例子。我們常因心軟，不願離開苦待我們的人或環境，直到上帝讓對方心剛硬，我們在退無可退之下，才肯離開。

上帝讓對方的心剛硬，其實是在解救我們，否則我們很可能還在水深火熱之中不得解脫。能不感恩嗎？

你呢？你是否有為對方的心剛硬而感恩呢？

王的心在耶和華手中，好像隴溝的水隨意流轉。
——箴言21章1節

一千萬元的信心

錢在上帝眼中並不值錢，祂看為寶貴的是人的心。

上帝要我們先求祂的國和祂的義，不需為生活擔憂。因為有沒有錢、錢在哪裡、能不能賺、賺多少，都掌控在祂手中。

你越想賺錢，祂越不想讓你賺；你越輕看錢，先追求祂的道，祂就全部供應。這是一個信心操練的過程。我們都免不了受金錢的試探，尤其在缺錢時。

打官司時每逢缺錢，我總用自己的方法克服，或是去談和，或是去找工作賺錢，但總四處碰壁。然而只要我順服下來，每天讀經禱告、專心打官司，祂就真的為我預備一切所需，包括全部一千萬元台幣的律師費，祂都為我籌措。

只要順服祂的旨意，憑信心仰望，就看到祂信實的供應。

那時候正逢二〇〇〇年台灣總統大選，競選活動在一年多前就開始籌畫。我朋友從台灣打電話問我願不願意和她合作承辦一場競選公關活動。我說：「我人在澳洲打官司，心有餘力不足啊！」

朋友說：「我們辦園遊會，你只要負責和上層說好，把企畫案呈過去，中間細節我們會安排。你只需在活動前幾天回來，再確認一下就好了。」

這真是天賜的好事，我很快敲定下來，並依約在園遊會前幾天才回台灣。

活動當天，一切順利。

這種公關案，一般是憑結案報告請款，而結案報告一定要列出每一家媒體對這場活動所做的新聞報導。

當天園遊會結束，我盯著媒體，看所有的晚報新聞都以「競選開跑」來報導這個活動；晚間八點的電視新聞，也全都播報得熱熱鬧鬧。

我放心了，確定可以領得到錢了。我安心去睡覺。

就在那晚，半夜三更，天搖地動，九二一大地震。

政府緊急宣布：所有競選活動、競選新聞全都暫時停止。

我捏了把冷汗，如果晚了幾小時，就算我順利辦了活動，媒體也不能播報，那我一毛錢也拿不到了。真是感謝上帝的保守。

那次活動，我賺了七十萬元台幣。領到錢的那一天，我依照聖經什一奉獻的教導，捐了七萬元給埔里基督教醫院。當我填寫匯款單時，聖靈用很清晰的聲音對我說：「上帝喜悅你這麼做！祂會為你籌措所有的律師費。耶和華以勒！」

果然，上帝非常信實。我緊接著就又敲定了另一個競選公關案，又賺進了數百萬元，成為我的律師費。

幾年之後，我的澳洲官司快接近尾聲。律師叮囑我要再籌措最後一筆律師費。那時我回台灣應邀到教會做見證，講起這件事，我當場用信心宣告：「上帝應許為我籌措律師費。這幾年都是這樣，我有信心這次也是一樣。」

果然兩個星期後，一位我以前認識的企業家老闆匯了一百萬元來給我，正是我所需。她不是基督徒，只是聽友人說起就主動匯過來給我，不是我去要的。

人總是看到奇蹟才相信，但上帝卻操練我，**要先相信，就看得到奇蹟**。

你呢？你對錢與賺錢的觀念是怎樣的呢？

你要記念耶和華——你的上帝，因為得貨財的力量是他給你的。

——申命記8章18節

祈求的底限

先知道上帝的底線，就不會妄求。只有關係夠親密，才會知道對方的心意與底線。

〈約翰一書〉5章14節說：「我們若照祂的旨意求什麼，祂就聽我們。」〈雅各書〉4章3節說：「你們求也得不著，是因為你們妄求。」

「有求必應」與「妄求」之間，差別就在於**是否照著祂的旨意求**。

當上帝要毀滅所多瑪時，亞伯拉罕為該城代求，上帝對他當然是有求必應。

亞伯拉罕說：「假若那城裡有五十個義人，你還剿滅嗎？」上帝說：「好，我就為這五十個義人饒恕那地方。」

亞伯拉罕再求：「四十個呢？」上帝說：「好，若四十個，也不毀滅那城。」

亞伯拉罕繼續求下去，三十個，二十個，十個，上帝都說好。但他就此打住了，沒有再求下去。因為他知道，再求下去就是妄求了，求了上帝也不會答應。

亞伯拉罕和上帝的關係夠親密，所以知道上帝的底線。他不會妄求。

這就像一個小男孩到店裡去買玩具。他看到飛機模型，很想要，去問爸爸，爸爸

說：「好，買給你。」又看到玩具車，也想要。爸爸說：「沒問題，買。」他再看到積木，爸爸又說：「好。」

結帳時店員說：「你爸爸對你真好，要買什麼他都說好。怎麼不多拿幾樣呢？」

小男孩說：「再多拿，他就不會說好了。」

小男孩與爸爸的關係夠好，所以知道爸爸的底線，不會「妄求」。

我的官司也是個明顯的例子。上帝一開始就指示我要穿上祂的軍裝去爭戰。與祂旨意相符合，求什麼祂就給什麼。官司所需的律師、證據、甚至律師費，幾乎都順風順水到位。但若隨著世俗的想法，認為上帝一定不會叫人打官司，一心只想停戰求和，就與祂的旨意相違背，那真是怎麼求都沒有用。

我是在讀經禱告中摸索了好幾年，更加認識、了解祂，與祂關係更親近，思想時時被祂更新之後，才體察到祂這個心意。如果能早點覺察，也不至妄求許多年，走了許多冤枉路。你呢？你還常妄求嗎？

不要效法這個世界，只要心意更新而變化，叫你們察驗何為上帝的善良、純全、可喜悅的旨意。

——羅馬書12章2節

鞭打與裹傷

上帝是恩威並施的神。祂用公義管教祂的孩子，也用慈愛親自為孩子裹傷。

上帝是公義的神，也是慈愛的神。作為祂的兒女，無法逃避祂嚴格的管教；但也會接到祂及時慈愛的安慰。我在打官司的過程中深刻經歷到這一點。

那時，我的離婚財產官司順利上訴成功，發回家庭法院重審。照理說我應該信心滿滿、乘勝追擊才是，但看到龐大的律師費，我又退縮了。

明知道神似乎不喜歡我走和解的路，但我就是不死心，不想繼續打官司。

我故意拖延官司的進度，連原來幫我打贏上訴官司的那位女律師都看出我想撤退，就接了別的案子不理我了。法院讓我拖了五個月，又寄開庭通知來，我於是自己撰狀，準備向法院請假，希望再拖一陣子，等待和解。

那天，我靈修時讀到「義人必因信得生。他若退後，我心裡就不喜歡他」（希伯來書 10:38），我心頭一驚，這是上帝在對我說話嗎？祂不喜歡我退怯！

聖靈又用下一節經文「我們卻不是退後入沉淪的那等人」來提醒我：「瞧，這意

思就是：你再退怯，就要入沉淪了呢！」

但是悖逆的我就是不願相信。心想，這是碰巧吧，法院哪有可能不讓我請假？所以這肯定不是上帝針對我說的話。不管怎樣，官司還是先拖一下吧！

當人被自己內心的慾望蒙蔽時，就聽不見上帝的聲音。

那天，法院開程序庭，我沒有律師，自己一個人上庭。我向法官提出請假及延期審理的申請。沒想到，法官二話不說就拒絕了。還訂下排程，兩週後就要開審理庭。

我嚇呆了。兩週內就要找好律師、收集好證據、做好答辯狀，這怎麼可能？

庭訊一下就結束了，大家陸續離開。我走在最後面，越想越心慌。四周空蕩蕩沒人了，我忍不住坐在沙發上就放聲大哭起來。

我真是非常非常後悔。好不容易花了那麼多錢打贏了上訴，卻在這個時候，被我自己給敗掉了。真是又氣又懊惱！

想起連日來讀到的經文，上帝明明就已讓我讀到祂不喜歡我退怯，但我為什麼偏就是不信？還故意忽視，當作不是對我說的。我怎麼這麼不順服？

眼前浮起一年半前上帝如何讓我從一審的敗訴中復原，又教我如何聽祂的聲音與祂對話；又一路保護我的家，為我找律師、上訴，為我安排律師費。

這一幕又一幕像放電影般閃過我的心頭。我又想起更早之前祂已在夢中向我宣達祂的旨意，要我穿戴祂的軍裝上場打官司，我怎麼能忘記？

事實上，祂連未來的律師費都已經幫我籌措一部分了，是我自己存著私心，想把賺來的錢挪作他用，不想花在律師費上。這不是明擺著違逆祂的旨意嗎？

數算祂的恩典，這樣多神蹟奇事發生在我身上，我居然還是叛逆不信。這下神生氣了，我活該要倒大楣了，還有什麼話好說？

「祂不喜歡我！祂不喜歡我！」一直在我心中響起。

懊悔讓我更加痛哭。我還有什麼臉向上帝禱告、向祂祈求？

這時，一盒面紙遞到我面前，我抬起頭，是一位帶著關懷眼神的慈祥老太太。

原來是天主教「慈悲家庭」組織派駐在家庭法院的義工，來收拾準備下班。

她過來輕輕摟住我，撫著我的頭。

我把臉埋在她腰間，那真是如慈母溫柔的懷抱。

我拭著淚問她：「你是基督徒嗎？」

「是啊！」她說。

「那請為我禱告好嗎？我做錯事了，神不喜歡我！」我急切地說。

「好的，我們來禱告。」她果真拉起我的手，領著我，為我禱告。

我收住了眼淚，隨著祂的禱告，我虔誠地向上帝懺悔。

禱告完，我仰頭問她：「祂會原諒我，重新接納我，對嗎？」「當然！神愛你如眼中的瞳人，祂會賜福你的。」她回答我。

我安心了。心中一股平安升起。這一定是上帝派來的天使，特來為我纏裹傷口的。**因為憂傷痛悔的心，祂必不輕看**（詩篇 51:17）。

你呢？有經歷過上帝的管教並纏裹傷口嗎？

祂撕裂我們，也必醫治；祂打傷我們，也必纏裹。

——何西阿書（歐瑟亞）6章1節

彩虹為證

當接到上帝的旨意卻信心不足時，祂容許我們向祂確認，就像基甸（基德紅）的羊毛一樣。

家庭法院排定庭期，兩個禮拜後就要審理我財產官司的更審案。時間實在太緊迫了，我必須趕快找律師。但是人海茫茫，該找誰呢？慌亂中我想起一名李律師，我曾經陪朋友拜訪過他，我緊急向他求助。他是商事法的律師，並不想做家庭法的案子，但經不住我的懇求，就推說必須有狀師配合才行。我把之前狀師的聯絡電話給他，他只好說那他聯絡看看，不保證會接我的案。我也立刻禱告，求問上帝：「祢的旨意是不是找他？」

禱告之後，心中升起一股平安。平安，正是上帝旨意的一個指標。

下午接到李律師回電，和狀師聯繫得頗為順利，讓他有了幾許信心。他說：「如果真要我做，就把所有卷宗送到我辦公室來，我必須趁這個週末看資料。」

時間緊迫，我已沒時間徵詢其他律師了。我知道找律師應該慎重，但我連他一小

時收多少錢都沒問，付不付得起我也不知道。

我無暇多想，只能迫切禱告：「主啊！若是祢的旨意，求祢給我證據，像給基甸那樣。」

聖經裡記載了基甸的故事，他接到上帝的指示去打仗，為了確認指示無誤，他一再要求上帝給他證據作確認。他一次要求看到乾的羊毛，一次要求看到被露水沾濕的，兩次上帝都照著要求給他確認了。

那天是星期五下午，我必須在下班前把卷宗送過去。律師的辦公室附近很不好停車，而我的卷宗厚厚十幾大本，還必須帶著六歲的小女兒同行，但我怎麼可能一手牽女兒，一手捧著卷宗到律師事務所去？還不知找不找得到停車位呢！

驗證是否為上帝的旨意，還有一個指標，就是環境是否配合。

如果我能夠順利將卷宗送過去，那就表示環境配合了；反之，就不是。

我心想，若上大學的兒子能來幫我駕車就好了，那就有把握把資料送達。於是我撥電話找兒子，但沒接通。我狐疑了，「難道上帝的旨意不是他？」

我一面把小女兒和卷宗塞進車裡，一面禱告。車子上路不久，就接到兒子回電，我立刻去接兒子來幫我駕車。我想：「那應該就是他了！」

我像基甸那樣再次禱告求證據：「主啊！我信心軟弱，需要再確認。」

兒子駕車一上路，車窗前就出現了一道彩虹。那陣子我正在讀挪亞（諾厄）方舟的故事，知道彩虹是上帝與人立約的記號。

神與我立約了，這律師是祂為我安排的無誤。彩虹就是證據！

事後證明，上帝為我安排的律師，遠比我能想像的更好。

我的財產官司因涉及房貸、銀行作業、抵押程序等事務，若非專業，並不容易辨識。這位李律師正是商事法專業律師。若不是他，一定很難分辨資料，更無法抓到前夫的各種漏洞及證據。因為他，才讓我反敗為勝。

這難道是碰巧嗎？是我運氣好嗎？

經過如基甸羊毛這樣三番兩次向上帝求證，我知道那不是碰巧，那是上帝刻意為我安排的。我的信心更加堅固了。

你呢？祢曾經有過向神求證據的經驗嗎？

基甸說：「我若在你眼前蒙恩，求你給我一個證據，使我知道與我說話的就是主。」

——士師（民長）記6章17節

走出曠野

過去的經驗常常會欺騙我們，限制我們的潛力；唯有定睛在主身上，才能行出走在水面上的奇蹟。

我們常因各種原因產生信心危機，有時是過去的經驗，有時是現實環境的試探，有時是看不到未來的恐懼，都會讓我們跌倒，偏離了上帝的道路。

上帝的旨意必然成就，即便我們走偏了，祂也會讓我們回來，只是時間快慢而已。以色列人出埃及，就在曠野走了四十年才到達上帝應許之地。我們的道路也像以色列人一樣，會受到各種試探，問題是我們要在曠野走多久？

我的官司打了十四年，就像在曠野走了十四年。遭遇各種信心危機的試探。

那一天，收到律師費的帳單，數目龐大，又把我打倒了。

好不容易賺了公關案的錢，一下全填進去了。接下來做的那案，收帳並不順利。如果收不到錢，靠什麼付律師費？沒錢付的話，律師還會幫我打下去嗎？前夫財大氣粗，我怎麼拚得過？

那夜，我哭到雙眼紅腫，才在喃喃的禱告與極度疲憊中沉沉睡去。睡夢中，我夢到有雙天使的翅膀將我輕輕托起，飛呀飛地，飛過了千山萬水。那些難關與障礙都在我下面，就這樣飛過去了。

我驚醒，心怦怦直跳，知道上帝又向我說話了，趕緊跑去書房翻開聖經。我按照平常讀經的次序，果然出現幾處經文，都直指我的狀況，都和錢有關：

- 在危難的日子，當仇敵圍困著我，倚仗錢財、誇耀財富的人包圍著我，我都不害怕。（詩篇 49:5-6）
- 見人發財、家室增榮的時候，你不要懼怕！（詩篇 49:16）
- 窮人受欺壓，並奪去公義公平，不要因此詫異；因有一位高過居高位的鑒察，在他們以上還有更高的。（傳道書／訓道篇 5:8）
- 人就是賺得全世界，賠上自己的生命，有什麼益處？（馬可／馬爾谷福音 8:36）
- 人的生命不在乎家道豐富。（路加福音 12:15）

句句都是在跟我說話呀！我信心大增，祂就在天上看著我，祂沒有離棄我。祂就在那裡！**有祂同在，何必懼怕**？

讀舊約時，又讀到以色列探子的故事。他們窺探應許之地回來，告訴大家說：「那裡有亞衲（阿納克）族人，是高大強壯的巨人。跟他們相比，我們就像蚱蜢一樣微小，所以我們不能去攻打那地。」

聖靈提醒我：「你可切莫做那探子，會走不出曠野。就算你的仇敵如亞衲族人般高大強壯，但你若倚靠上主，仍必得勝有餘。」

我的信心又是一振。

想起之前讀到彼得（伯多祿）走在水上的故事（馬太福音 14:22-33），門徒看到有人行走在海面上，驚慌叫喊道：「有鬼！」

耶穌對他們說：「不要怕，是我！」門徒才認出是耶穌。

彼得說：「主，如果是你，請叫我從水面上走到你那裡去。」

耶穌說：「你來吧！」彼得就從船上下去，在水面上走，要到耶穌那裡去。只因見風甚大，就害怕，將要沉下去，便喊說：「主啊，救我！」

耶穌趕緊伸手拉住他，說：「你這小信的人哪，為什麼疑惑呢？」

聖靈提醒我說：「彼得如果能專心，單單定睛在耶穌和祂的話上，不要分心受周遭風浪的影響，就不會沉下去了。**你呢？是不是能單單定睛在主？**」

彼得是漁夫，當他看到四周的風浪，想到自己的經驗，人如何能走在水面上呢？這樣的想法限制了超能力的行使，就讓他沉下去了。

我呢？豈不更加小信？前夫財力雄厚，依我過去的經驗，他的確都能以金錢擺平官司，我想到就害怕了？而律師費的帳單，也只能算是小風小浪而已吧？

確實，過去的經驗常常欺騙我們，限制我們的潛力；唯有定睛在主身上，才能憑信心看到奇蹟。

小信的我，要經過多少次這般信心的操練，才能走出曠野？

你呢？你面臨過信心危機嗎？

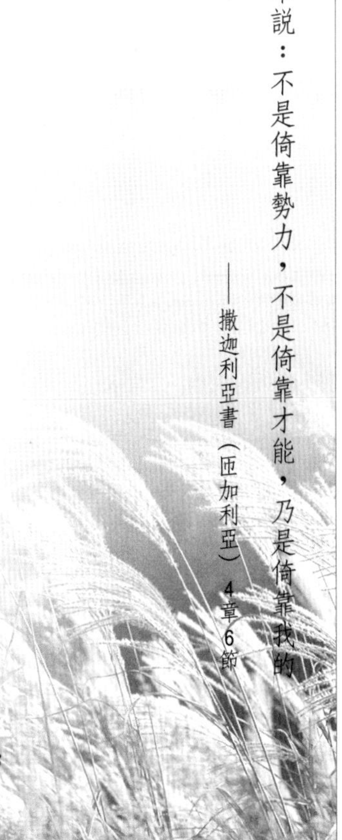

萬軍之耶和華說：不是倚靠勢力，不是倚靠才能，乃是倚靠我的靈方能成事。

——撒迦利亞書（亞加利亞）4章6節

越放手，越擁有

放手其實是一種信任，可以激發對方的責任感與榮譽心，更加投入所託之事。

許多事物，當我們抓得越緊，越容易失去，抓到最後一場空；但放得越鬆，卻越容易保有。而且經常在全然放手之後，不知不覺竟擁有了全部。

生命最重要的三樣東西——陽光、空氣、水，哪一個不是這樣呢？

那年，上帝為我預備了一位商事法的專業律師，因為專業，所以收費不低。我盤算著如何更有效率地使用這個律師，花最少錢達到最大的效果。

我過去曾是財經記者，也算是投資理財專業，後來在公司又負責財務，自認只有我自己最懂我的案子，不時習慣性地對律師下指導棋。

有一次，雙方因溝通不良，律師有些不高興，認為我不夠信任他。他強調：「你知道我是不做家庭法的案子的。」言下之意：「你可以另請高明。」

我怕他真的不做了，也不敢吭氣，只好自己回家禱告，求問上帝我該怎麼與他改善關係，才能順利溝通。

沒多久，我就讀到兩段經文：「你們要休息，要知道我是神！」（詩篇 46:10）「你們得救在乎歸回安息，得力在乎平靜安穩。你們竟自不肯。」（以賽亞書 30:15）連聖靈也提醒我：「放手吧！你要休息。」

這真出乎我意料之外。我問的是如何溝通，祂卻叫我「別管了」。

但我思索了一下，覺得也有道理，就順服了。

我的律師是商事法的專家，經驗豐富。既然是神為我安排的，那我就學習信任與放手吧。一切就交託上帝了。

我這才發現，「信任」其實是一種能力，並不是每個人都能辦到的，有些人硬是信不了。操控慾強、猜疑心重的人，只會抓，不會放，想信都信不了。

但當我願意放下，不再企圖掌控，好事就接二連三來了。

我的律師在一大堆銀行文件中，抓到一個又一個漏洞，前夫與他妹妹聯手共謀的證據也被找到了。這功力簡直可以比美警匪影片裡的神探。

接著，透過台灣的律師所蒐集的資料，我的律師向澳洲法院揭露前夫在台灣有上億台幣的資產，卻連區區兩萬元都不肯拿出來撫養女兒。

當我越放手，越信任我的律師，我的律師也越投入，好像是在辦自己的事一樣，有時甚至比我還投入。

有這樣盡心盡力辦案的律師，果然把我的財產官司打得非常漂亮。若非聖靈提醒我放手，怎麼可能有這樣的好成績呢？

上帝果然是信實的，除了為我預備律師、律師費之外，連勝訴需要的證據也為我預備了。

你呢？有過放手反而得到更多的經驗嗎？

凡想要保全生命的，必喪掉生命；凡喪掉生命的，必救活生命。

——路加福音17章33節

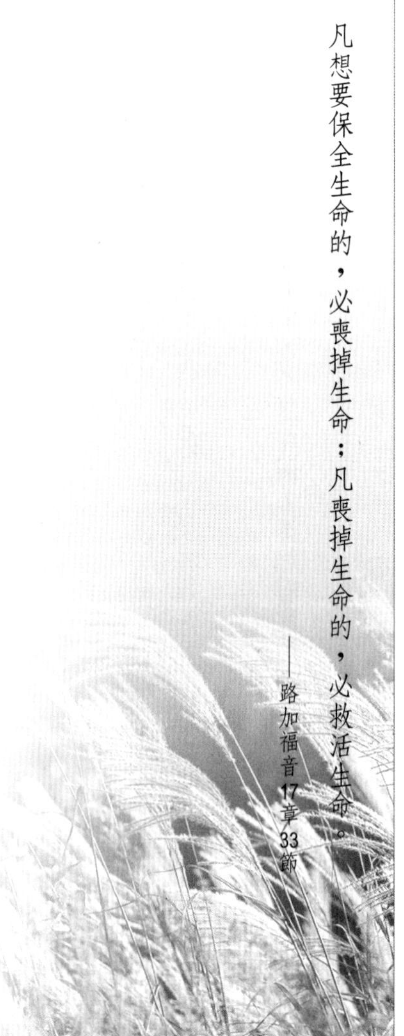

雲彩中的金光

每個親眼見到上帝榮耀的人，都會不由自主雙膝跪拜，聽候祂差遣。

上帝到底是什麼樣子？可以肉眼看到嗎？

約翰說：「從來沒有人看見上帝。」（約翰福音 1:18）上帝自己對摩西說：「人見我的面就不能存活。」（出埃及記 33:11）以西結描述的上帝就是榮耀：「耶和華的榮耀從殿的門檻那裡出去。」（以西結書 10:18）保羅（保祿）這樣形容上帝：「住在人不能靠近的光裡，是人未曾看見、也是不能看見的。」（提摩太前書 6:16）

那一年，我親眼目睹上帝的榮耀，受祂呼召，畢生難忘。

那時我和孩子們一起參加教會辦的靈修會，正在營區。我接到律師來電，說我財產官司再審案隔天下午兩點鐘要宣判了。

我想起兩年半前一審判決，我被敗訴的消息打垮，連車子都開不回家。

我問律師說我能不能不去聆聽判決，怕無法承受萬一的失敗。律師諒解地說：「好吧！那你就別去！明天下午再打電話給我。」

講完電話，我止不住地緊張，腦子不時出現空白，非常心不在焉。牧師安慰我說：「一切交託給主！其實判決書這時候已經打字好了！」

當晚是靈修會最後一晚，是才藝晚會。兒子女兒都有節目要上台表演，我等著觀賞。想到明天的宣判，仍止不住緊張。心想今晚肯定輾轉難眠了。

突然，一股很強的力量催促我離開會場，到外面去禱告。是聖靈在催促我。

我走到屋外，前面是一片漆黑的草場，遠處是一片樹林，秋風吹來，樹影搖晃，四周籠罩在一片寂靜之中。沒有半個人。

聖靈引導著我走向這片漆黑，燈光越離越遠。我走到草場中的大石頭前，抬頭一望，雲彩後面的月光如此明亮，雲彩四周鑲著金色的光芒。啊！那不就是上帝的榮耀嗎？如此莊嚴、聖潔！

我彷彿看到引導以色列人前行的雲柱，也像看到向摩西說話的荊棘中的火焰。

我不由自主地雙膝跪下，依稀聽到那聲音說：「我已經給你權柄可以踐踏蛇和蠍子，又勝過仇敵一切的能力，斷沒有什麼能害你了。」（路加福音 10:19）

我不禁熱淚盈眶，我知道，明天的宣判我勝訴了！上帝在告訴我，祂已信實地實現了祂的應許。祂在我的官司中設寶座，掌王權，彰顯了祂的公義！

我禁不住舉起雙手感謝讚美祂，眼淚流滿雙頰，感激又感動。

我又聽見祂呼召我說：「做我的工！」

我猛點頭。我願意！我願意為祂工作。出於感恩，也出於愛。其實祂早已藉著官司鍛鍊我，讓我以自己親身的經驗去幫助其他失婚或受家暴的婦女。

祂讓我經歷苦難及恩典，本就是要使用我去幫助別人，成為別人的祝福。

我痛痛快快哭了一頓，才回到晚會會場。那夜，睡得格外香甜。

隔天一早，牧師和我談起單親婦女的關懷，我想這就是上帝要我做的事工了。下午，律師興奮地在電話中說：「恭喜！大大恭喜！我們贏了！而且大贏！」

我告訴他：「我知道。上帝已經告訴我了。」昨晚，我已經親眼見過祂了。

你呢？你認為上帝是什麼樣子呢？

不是你們揀選了我，是我揀選了你們，並且分派你們去結果子，叫你們的果子常存。

——約翰福音15章16節

把心靈的垃圾丟出去

苦難要變成祝福，需要先服一帖藥，就是饒恕。當饒恕把苦毒趕出去，祝福才進得來。

「不饒恕」是一種罪，會把人的心靈綑綁起來，關進牢籠監禁。饒恕則可讓心靈獲得釋放，不再受苦毒與綑綁，重新得回平安與自由。

苦難要變為祝福，要把苦難帶來的苦毒先清掃乾淨，祝福才能滋長。

上帝定意要賜福予我，所以很早就讓我學習饒恕的功課。

我因從前夫那裡遭到迫害，心中充滿苦毒。雖聽過有關「饒恕」的講道，卻無法真心接受。每每把苦毒埋在心底，外表隱藏得很好。

然而只要碰到官司開庭，見到前夫仍在那裡撒謊，就忍不住憤怒。新仇舊恨通通湧來，恨不得有個黑道大哥去教訓他，把他毒打一頓。

我甚至為自己憤怒的情緒找藉口。〈箴言〉第六章說「耶和華所恨惡的……撒謊的舌……吐謊言的假見證」。我自己解讀：連上帝都恨惡這種事，我當然也恨惡。

其實，上帝恨的是惡行，並沒有要人將苦毒變為仇恨的情緒來恨人。聖靈總是一再提醒我：「不要自己伸冤，寧可讓步，聽憑主怒；因為經上記著：主說：『伸冤在我；我必報應。』」（羅馬書 12:19）

我的心情就在時而憤怒、時而息怒中擺盪，直到做了饒恕的醫治。

那年教會的靈修特會邀請了一位著名的牧師來領會，主題是「饒恕」。**饒恕別人就是放過自己，把自己的靈魂從苦毒的陰暗中釋放**。牧師要我們把仇恨和苦毒打包，像丟垃圾一樣丟出去。

我心想：道理我都懂。我只是常常做不到而已。

他又說：「仇恨和苦毒很容易招來邪靈，『不饒恕』很可能招邪靈侵入。」

我一聽，就緊張了。我的確常常「不饒恕」，若招了邪靈，那還得了。以前因愛算命，曾招來邪靈，那陰影仍讓我恐懼。

牧師最後做了一個醫治的特會。他邀請願意接受醫治的人到台前去，他要為這些人進行禱告醫治。我趕快走去台前，接受他的醫治。

果然，覺得全身釋放，輕鬆無比，像剛做完全身按摩，心靈也清明潔淨多了。

從那天起，我就很少再有仇恨、憤怒到咬牙切齒的情緒了。

其實，聖靈一直保護著我不被邪靈干擾，雖偶爾也會不饒恕，但那是自己的老我

在作怪。

「不饒恕」的罪的確很容易引來邪靈。在不少醫治趕鬼的特會上，常看到邪靈的蹤跡。當邪靈被驅趕離開人時，常會反撲，就是俗稱的「被鬼壓」現象，意識雖清楚，但無法發聲，四肢也不得動彈。要慢慢才能恢復。

因此饒恕醫治之後，還要**為仇敵禱告**，**只能祝福**，**不能詛咒**（羅馬書 12:14）。要為迫害你的人祝福？這在之前我是怎麼也做不到的。總認為，饒恕已經夠好了，還要祝福仇敵，會不會太超過？但是在那次醫治特會之後，我就做到了。我開始每天都和女兒一起為她爸爸禱告，見證了饒恕的力量。因為聖靈直接就把恩典與祝福帶進我生命中了。

有一次遇到一位姐妹，說什麼都不肯為背叛她的丈夫做祝福禱告。我說：「那你就祝福他早點重生得救啊！人一旦重生得救，還會做背叛的事嗎？起碼的道歉、認錯都會做了。這樣的祝福禱告有什麼困難呢？」她也就接受了，很快就看到她自己的生命出現了許多祝福。

「不饒恕」的罪還會引起身體的疾病。近代醫學研究，「不饒恕」被認為是一種疾病的病根，因為心懷仇恨、苦毒、怨懟等負面情緒，會使人處於長期焦慮、壓力狀態，進而帶來過量的腎上腺素與皮質醇分泌，導致疾病。

因此，「寬恕療法」常被引用到醫學治療上，如癌症、肩頸椎疾病，及一些情緒性疾病如焦慮症等。

我很慶幸早早做了這個「饒恕」的醫治，及早把心中的垃圾丟出去，也早早迎接祝福和幸福的來臨。

你呢？把心靈的垃圾都丟出去了嗎？

你的仇敵若餓了，就給他飯吃；若渴了，就給他水喝；因為你這樣行就是把炭火堆在他的頭上；耶和華也必賞賜你。

——箴言25章21－22節

一賜再賜

在上帝對你生命做出重大改變之前，會先改變你的想法，讓你先有「預備心」。

有一天，我幫好友搬家，從豪宅搬進公寓去住。

在我傳統觀念裡，在澳洲就該住有大片庭院的房子，一般公寓都是給老人住的。朋友一家三代同堂，我心想：「公寓活動空間這麼小，你們肯定要後悔的！」

當我到了他們新家，卻發現這種新式的電梯公寓太好了，設備全新，附設游泳池，還有專人維修，讓我好生羨慕。

如果也能搬進來住，該有多好！我對公寓的觀念出現了一百八十度的轉變，連我自己也感到詫異，還對朋友說：「真奇怪！我怎麼會一天之內觀念大轉彎。不知是什麼原因！」

改變若出於上帝，祂會讓你從觀念到行動，配套式地一起改變。

兩星期後，銀行來信說要拍賣房子，否則房貸須由我支付。我算算，住這種豪宅，開銷這麼大，除了面子好看外，其他並無好處。也就答應搬家了。

這事如果早幾年發生，我肯定不會搬的，因為孩子們都在附近就學，搬家太不方便。但此時，兒子與大女兒都上了大學，可以搬走了。

我的豪宅因為缺錢維修，已處處是毛病。水龍頭滴漏、插座失修、屋頂漏水、排水管堵塞，讓我備感壓力。一想到可以搬家，心頭一陣輕鬆。

我腦中浮現了朋友那間新公寓的影像，向上帝祈求：「主啊！若祢允許，就賜給我一戶那樣的房子吧，讓我歡天喜地搬離這裡。」

上帝定意要賜給我，祂會先讓我喜歡，主動開口向祂求，祂就應允。

我請朋友幫忙聯絡房屋仲介，帶我去看房。果然，那棟公寓還有一戶未售。景觀、格局都很好，我看了非常中意。

但最重要的是購屋款，哪來的錢？我想起第一任前夫說過願意為我們買房，我打電話聯繫他，他說：「兒子說好就好。」

但是當我和兒子提起這事，他的反應和我之前一模一樣：「幹嘛搬到公寓啊？在澳洲就該住有大片庭院的房子，公寓是給老人住的。」

我再向上帝禱告：「主啊，若是祢的旨意，就讓兒子也喜歡那間公寓吧！」

果然，兒子去看過那間公寓一次，就和我一樣，觀念大轉彎了。

一切配合得剛好，心裡特別平安。我篤定地知道：這就是上帝為我預備的無誤。

事情很快就定下來了。從訂屋到交屋、辦貸款、搬家，一切出奇地圓滿順利，一家人歡天喜地地住進新公寓。

若喜歡新的，就不在乎失去舊的，也樂於歡送舊的走。

新家的門牌號碼是「一四〇四」，牧師來探訪時，脫口用台語唸出，正好是「一賜再賜」的諧音。牧師說：「上帝要賜福你這個家，而且一賜再賜。」

從此，我把四和十四當成了我的幸運數字，或有偶遇，都特別開心。

你呢？上帝曾因巨大的改變先預備你的心嗎？

看哪，先前的事已經成就，現在我將新事說明，這事未發以先，我就說給你們聽。

——以賽亞書42章9節

愛與溫柔的淚

流淚未必是傷心，更多時候是感動。聖靈感動的淚水最溫柔，因為有愛。

以前總以為流淚是弱者的表現，因為傷心難過才會流淚，強者從不流淚。後來才發現，感動也可以使人流淚。聖靈感動的淚水最溫柔，因為有愛。

剛信主的時候，心還很剛硬。有一次，一位姐妹為我的婚變及苦難禱告，才幾分鐘，她就流淚哽咽起來。

我覺得很奇怪，心想：「該難過的是我，怎麼我還沒有哭，她卻哭了？」後來才了解，她在為我禱告的時候，聖靈觸動了她的同理心，就流下感動的眼淚。這充滿愛與溫柔的淚水，也把我剛硬的心融化了。

聖靈充滿，也常令人痛哭流涕。那是一種非常暢快的「哭」！哭完不但壓力得到釋放，心靈也得到洗滌。

我第一次因聖靈充滿而淚流滿面，是在教會舉辦的靈修會上。

那天，我與律師開完冗長的會，拖著疲憊的身子勉強開車上山參加靈修會。

我一進會場，就聽見悠揚的詩歌聲：「因祂活著，我能面對明天；因祂活著，不再懼怕。」我心一觸動，眼淚禁不住就掉下來了。

這是從來沒有過的現象，我已許久不曾在人前哭過了，而且又沒事傷心。我只覺聖靈沛然從上澆灌下來，一股熱流將我圍住，無比溫柔地擁抱著我，撫拭著我的傷痕。我不是掉眼淚而已，是一直哭、一直哭，止不住地淚流滿面。

痛快哭完之後，那種釋放與乾淨的感覺，實在太奇妙、太美好了。這種哭一點也不傷心難過，還充滿說不出的聖潔與喜樂，不住地就是想歌頌讚美主。

後來才知道這是一種被聖靈充滿的現象。〈使徒行傳〉（宗徒大事錄）第二章形容聖靈充滿看起來就像喝醉了一樣，而每個人的反應都不同。有些人是說方言，有些人是在唱詩歌時一直不斷流淚，不住想歌頌讚美主！

你呢？嘗過聖靈充滿而流淚的滋味嗎？

要被聖靈充滿。當用詩章、頌詞、靈歌，彼此對說，口唱心和的讚美主。

——以弗所書5章18～19節

需要幫助的人是誰？

當你樂意去幫助有需要的人，上帝也樂於幫助你，並將恩典多多加給你。

自從與上帝的關係親近後，我越來越覺得命運改變了。以前常覺得倒楣事特別多，現在卻覺得到處有恩典。尤其被主呼召、願意事奉之後，覺得特別幸運。

那一天，我從台灣準備搭機返雪梨。一進桃園機場，剛要報到，航空公司的員工就來對我說：「我們公司今天超賣，你能不能改搭國泰的班機從香港轉機？只比原來晚兩個鐘頭到雪梨，我們幫你改訂頭等艙的座位。」

我心想，已經講好要兒子來接機，改來改去很麻煩。我可不能貪這種小便宜。於是不假思索地拒絕了。

沒想到我剛拒絕，這位員工就快哭出來了，直說：「求求你幫幫忙！不然我會被罰得很慘的。」

就在這時，聖靈提醒我：「你早上靈修時讀到〈加拉太書〉6章17節『身上帶著耶穌的印記』，那你碰到『The Needy』卻袖手旁觀，豈不沾汙了這印記？」

「The Needy」是那兩天讀經時一再出現的兩個英文單字，中文是「窮乏人」（詩篇 140:12）、「貧窮人」（箴言 31:20），英文就是「需要幫助的人」，讓我印象深刻。

我不敢再拒絕，但在心裡趕緊禱告，求上帝給我一個更明確的指示。

聖靈提醒我：「不要疑惑，別把上帝的恩典往外推了。否則你會行李超重。」

我平常行李不多，很少超重，但那次受託為教會姐妹帶東西，沒有注意，等行李過磅，才知超重甚多。但若改搭頭等艙，就過關了。

所以，誰才是需要幫助的人？是這名焦急的航空公司員工？還是我？

看起來是我在幫助她的需要，其實是上帝在幫我解決問題。祂曉得我的需要，祂也照顧我的需要。

這一程，我在頭等艙睡得又香又甜，還免費到香港新機場去參觀了一圈。

你呢？是否也樂於幫助「需要幫助的人」？

少壯獅子還缺食忍餓，但尋求耶和華的什麼好處都不缺。

——詩篇34篇10節

忍耐與等待

忍耐是一種行為模式，經不斷操練，養成習慣，就成為品格了。

品格的塑造須經過一點一滴的操練，行為模式的建立須經過反反覆覆的練習。這些都需要時間。上帝藉著我官司一再的拖延，操練我忍耐的品格。

澳洲官司打到第五年，法院識破前夫的謊言，做出了決定性的判決。前夫一再上訴，但是打到最高法院都敗了，於是改由他妹妹到澳洲來提告。官司於是又拖了下來，遲遲沒有結束。

這一拖，就拖到了第八年。法院連續開了兩星期的庭訊，大家均已疲憊不堪。我心想，這下總該結束了吧？八年，抗日戰爭都打完了。

沒想到結束前法官卻說：「這案子還需要五天時間才能聽完，只是大家時間都湊不到一起，所以延到半年後再繼續吧！」

我聽了差點昏倒。這兩星期每天泡在法院，我的神經綳得很緊，而且一天的花費就要八、九萬元台幣，花得我心在淌血。

我忍不住向上帝抱怨：「主啊！能不能讓我歇了？這官司打了八年還沒完，到底還要拖多久？明知他是故意要榨乾我，拖下去我豈不都完了嗎？」

很奇妙地，上帝立刻用經文來回答我：「你們必須忍耐，使你們行完了神的旨意，就可以得著所應許的。」（希伯來書 10:36）、「忍受試探的人是有福的，因為他經過試驗以後，必得生命的冠冕。」（雅各書 1:12）

聖靈也提醒我：「八年來，上帝有讓你缺什麼嗎？就像以色列人在曠野，既有嗎哪吃，又有水從磐石中流出。**衣服既沒有穿破，腳也沒有腫**。」（申命記 8:4）

的確，這八年來，我衣食無缺，一直平安順利，真的沒什麼好抱怨的。上帝供應了我一切，包括律師、證據，什麼都為我預備，連律師費也沒短缺過。

其實，一直是我自己信心不足，每次祂讓我賺到一筆錢，我就想挪作他用。總想：「這筆錢難道不能讓家人生活過得舒服一點嗎？或當作資本去做個投資什麼的不行嗎？」

但上帝就是清楚讓我知道，這是祂為我預備的律師費，不容我挪作他用。只要律師的帳單一來，賺的錢全又繳上了。

我也不解地問聖靈：「兩年多前上帝已讓法院做出漂亮的判決了，等於為我申冤成功，為什麼後續還要拖這麼久呢？」

聖靈告訴我說：「就像上帝在曠野引導以色列人四十年，是『要苦煉你、試驗你，要知道你心內如何，肯守他的誡命不肯』。」（申命記 8:2）

我再次降伏了。緊抓著上帝的應許，在盼望中繼續忍耐、等待。而且不忘隨時做服事，因為知道祂在天上察看，正在替我打分數。

你呢？你是否可以感受到上帝正在天上察看你，正在替你打分數？

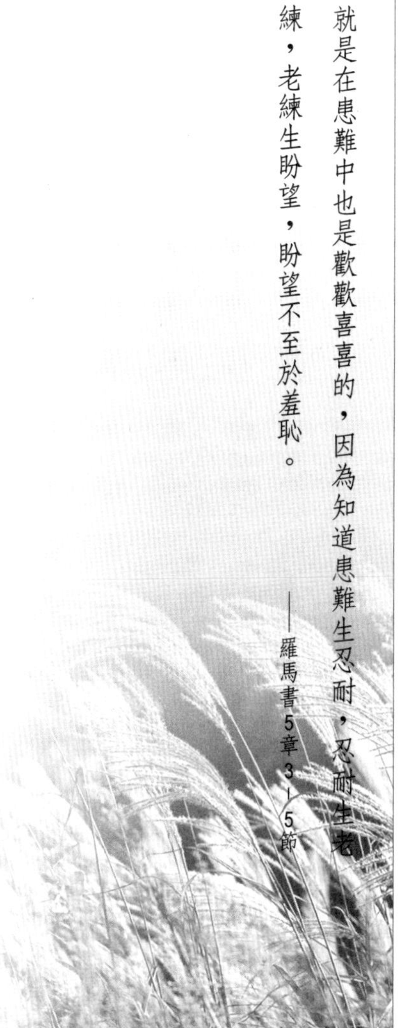

就是在患難中也是歡歡喜喜的，因為知道患難生忍耐，忍耐生老練，老練生盼望，盼望不至於羞恥。

——羅馬書5章3–5節

生命的時間表

上帝有祂的時間表，與祂為我們定的旨意全然吻合，精準而完美。

上帝為每一個人設計不同的人生，定下不同的旨意，且按著祂的時間表操課。只有祂才能訂製並執行如此完美而精準的設計，令人讚歎！

在小女兒限制出境與解禁這件事上，我看到祂為我訂製的精準時間表。

小女兒曾被她爸爸藏在台灣，三歲那年被我在雪梨找到。澳洲法院立刻將她限制出境，以免再被帶走藏匿。法院後來雖將她的撫養權判給我，但孩子的出境入境卻仍須父母雙方同意才能放行。

只是每一次我想帶小女兒回台灣，她爸爸都反對，以致每次向法院的申請都被駁回。小女兒看到哥哥姐姐每年都可以回台度假，她卻不能，十分不開心。

如此七年過去，小女兒十歲了。我再度向法院提出申請。

我抱著不可為而為之的心態禱告：「主啊！若蒙祢允許，就讓小女兒解禁回台吧！不是帶她回去玩，是回台灣陪外公外婆上教堂，傳福音給他們！」

心態正確的禱告合神心意，祂就按著祂的旨意行那奇妙的事。

法院訂一個月後開庭審理此案，但那個時間我已買了機票要回台灣。律師估計大約這次申請又不會成功，要我安心回台，他讓年輕律師代表我出庭即可。

那時剛好美國有神學院教授來雪梨開課，有人邀我參加。我禱告後，明顯感覺聖靈強烈催促我，要我一定要去上這門課。

我估算一下，為了上這門課，我必須將回台機票延後，需多花一百五十元澳幣。加上上課的學費一百五十元，平白就多出了三百元的開銷。

我禱告：「主啊！我需要多花這筆錢嗎？我還在靠救濟金維生呢！」

但是聖靈篤定而肯定地催促我：「去上就對了！到時候你就知道了。」

開心上完一星期的課，既然回台時間已經挪後，法院開庭我就可以出席了。

那天，到了法院，女兒的爸爸人在台灣，卻仍然越洋提出反對。

然而，出乎意料之外，法官卻很快地批准了我的申請。理由是「孩子的爸爸搬回台灣定居，已再婚生子，且已三年沒有來探視孩子，也停付孩子撫養費，因此沒有必要再因他反對而限制孩子的居住地」。

我狂喜。經過七年的限制出境，女兒就這樣解禁了。

我趕緊去把女兒的護照領出來，重新換照，為她辦好回台灣的簽證，就帶她回台

灣了。如果我沒有去上這門神學課，肯定就錯過這件好事了。

一回台，我就把女兒送進住家附近的小學就讀，不僅讓她有機會學習中文，也有更多時間陪伴外公外婆，帶他們信主。

事實上，四個月後，我父親就過世了。在他生命最後的幾個月，他掛念多時且七年未見的小孫女終於出現，陪伴著他，讓他在含飴弄孫、三代同堂的氛圍中安息主懷，也是上帝奇妙的恩典。

更奇妙的是，那年我正好完成七年BSF的課程，將聖經紮實地研讀一遍，為信仰扎下了根基。顯然，**沒有讀完聖經前，上帝是不會放我回台灣的**，以免我在充滿誘惑的花花世界裡通不過試探，再度沉淪。

女兒解禁及回台，是我生命中的大事，也開啟了我人生的另一頁。上帝有祂的時間表，一切有祂的美意，充滿恩典。

你呢？祂為你訂的時間表，你明白祂的用意嗎？

你要察看神的作為，因神使為曲的，誰能變為直呢？

——傳道書7章13節

PART

5

結束曠野的漂流

我與小女兒回台灣定居的那段日子，是我「服事人生」的開始。逐漸感受到能被主用、討祂的喜悅，是一件很喜樂的事。

以前以被伺候為榮，現在以能服事主、服務人為榮。服事，使靈命得以更成長。

生活焦點從自己身上移開後，世界變得無限寬廣。

人若自潔，脫離卑賤的事，就必做貴重的器皿，成為聖潔，合乎主用。

——提摩太後書2章21節

單親互助會

醫治傷痛最好的方法，就是去幫助其他受苦的人。

自從蒙召做主工，我在雪梨成立了「華人單親互助會」，幫助失婚的婦女。我同時也在律師事務所工作，專做離婚及家暴案。不少牧長把失婚的婦女轉介過來，我樂意幫助她們，因她們的傷痛和曾經的我一樣。幫助她們，也幫了我自己。**幫助其他同病相憐的人，自己的傷痛也能不藥而癒**。

有一次，碰到一位老公外遇的姐妹，勸了半天，她仍然自怨自艾。

我剛好接到個案，有位年輕媽媽被丈夫家暴，帶著孩子正住在婦女避難中心，需要我去探望。我乾脆邀這位姐妹同行。徵得對方同意，我們就出發了。

到了婦女避難中心，那裡住著許多無家可歸的婦女。被家暴的年輕媽媽不懂英語，孩子才兩歲多，看到我們好像看到了親人，一邊訴說，一邊傷心哭泣。

我從法律的角度為她分析了狀況，就開始替她填寫表格，申請各種救濟金及補助，以應付接下來法院的開庭。

而這位陪我一起去的姐妹，一下遞面紙，一下遞茶水，不斷安慰著這位年輕媽媽。勸慰的話聽起來好生熟悉，不就是我之前勸她的嗎？還以為她沒聽進去。沒想到她不但聽進去了還拿來鼓勵別人，說得頭頭是道。

探訪結束，陪我去的這位姐妹感慨地說：「她真可憐！想想我還是比較幸運。我家老公起碼不敢動手打我。」

人若感恩，傷痛復原很快，甚至忘掉自己的痛了。

後來我又遇到那位避難中心的年輕媽媽，她居然也說：「很同情那位姐姐，我的傷在身上，她的傷在心裡。」體恤別人，自己就得到療癒。

這也是我成立「互助會」的宗旨。因為在互助及感恩中，讓我們看見了上帝！「施比受更有福」這話千真萬確。因為肯幫助別人，就等於幫了自己；能自助，就能享天助；有上天幫助，凡所行盡都順利。這就是福！

你呢？你是否在幫助別人的時候也幫助了自己呢？

我們在一切患難中，他就安慰我們，叫我們能用神所賜的安慰去安慰那遭各樣患難的人。

——哥林多後書1章4節

被獎賞的僕人

服事是上帝給人的一項特權，但祂並不缺誰服事。抓住機會服事，就抓住了恩典。

剛信主沒多久，牧師有天問我能否幫教會編寫週報，因我以前是新聞記者。

我心想，我是大記者，稿酬的價碼可不低，但為教會編寫週報是義務工作，是沒有報酬的。我心裡不免嘀咕：「牧師也真是的，明知我靠救濟金維生，最缺錢了，怎麼還叫我去當義工？難道不曉得我的時間是要用來賺錢餬口的嗎？」

後來在聖靈的催促下，我還是接下了這份工作。開始只是偶爾整理牧師的講道紀錄稿，後來擴大編成《靈修族》週刊，隨週報印發，一編就是七年。

沒想到，最後開花結果的居然是這份原本遭我嫌棄的義務工作，其他我積極應徵的工作，一樣也沒做成。有心栽花花不開，無心插柳柳成蔭！

因為在整理牧師講稿時，必須經常翻聖經核對，讓我有機會把經文一句一句吃下肚。經文就是上帝的話，帶著無比的能力，就像得了進神國的通關密碼。

而牧師們講道常會舉一些例子、說一些小故事，我也把它們記下來，後來集結出書，陸續編寫了三本以小故事為主的書：《一念之間》、《愛的信念》、《抉擇的智慧》，開啟了我做文字事奉的里程碑。

有一次週日禮拜，由一位美國回來的牧師證道，他手中拿著一本我寫的書。我的牧師看到了就找我過去，跟他介紹說：「她就是這本書的作者。」

這位牧師有點不好意思地說：「沒經同意就引用你寫的故事，希望你別見怪。」我忙回說：「哪裡能見怪？這些故事都是我聽牧師們證道時記下來的。下次您若發現我下一本書裡有您講過的小故事，請您也別見怪啊！」

以前從來沒想過可以寫書出版，那和寫新聞稿是截然不同的事。但當我願意付出，以文筆來做服事，上帝就把更好的文筆加給我，讓我越寫越順。從在各報章雜誌上寫稿，到編輯出書，印證了上帝「越來越」的律。

耶穌說過一個比喻，後人引申成**「馬太效應」理論**。

有個主人有三個僕人，各交給他們銀子五千、兩千、和一千。那領五千的僕人拿去做買賣又賺了五千，主人很高興，就連本帶利都賞給了他，讓他有了一萬。那領兩千的也是一樣，賺回了兩千，主人也都賞給了他。

但是那個領一千的什麼都沒做。主人很生氣，罵他是「又惡又懶的僕人」，把他手上那一千拿走了，給了那個已經有一萬的僕人。

這比喻原本指的是才幹。**上帝賜給每個人不同的才幹，願意發揮、為主所用的人，上帝就讓他越來越有才幹**。不願意付出的人，連原來有的那一點才幹也變沒有了。我慶幸當初沒有拒絕牧師要我編週報，否則文筆缺乏練習，也就真的不會寫了。願意做，就越做越好。

其實，許多技能都是這樣的：駕車，越駕技術越好；彈琴，越彈技巧越佳，都是同樣的道理。

許多人以為服事是在給上帝恩惠，是給教會好處，殊不知，上帝並不缺誰服事，是祂在給我們機會；如果錯過，吃虧的是自己。

你呢？有抓住手邊服事的機會嗎？

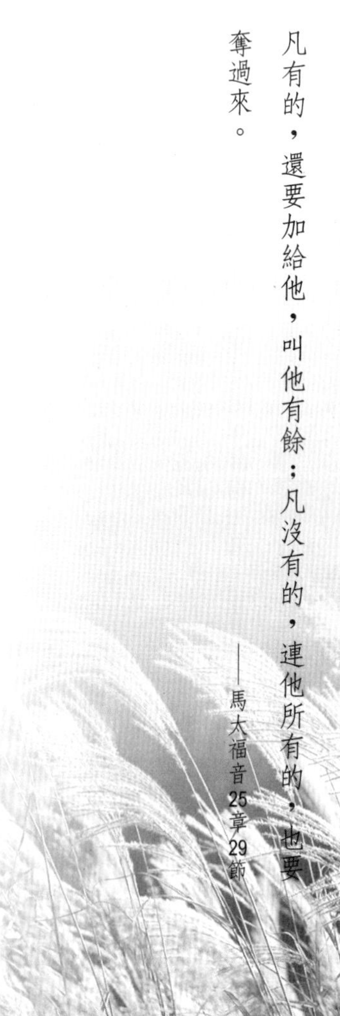

凡有的，還要加給他，叫他有餘；凡沒有的，連他所有的，也要奪過來。

——馬太福音25章29節

父不詳的孩子

人與人之間的關係，如果不是建立在愛與真心上，用法律是綁不住的。

小女兒在澳洲出生、長大，在她獲解禁得以回台灣之後，我便將她送去住家附近的小學就讀，先是旁聽，後來學校催著要她戶籍，要為她辦學籍。

我到相關機構周旋許久，各單位互踢皮球，戶籍怎麼辦都辦不下來。最主要是缺了父親的資料。但前夫根本不同意女兒解禁回台，怎麼可能提供資料？

我十分苦惱，迫切為這件事禱告。

有一天，我靈修讀到耶穌斥責法利賽人的律法主義。因為**他們雖然注重律法及傳統規條，卻只注重表面的字句，忽略了律法真正的精義**，曲解了上帝真正的意思。

有一次耶穌在安息日從麥田經過，他的門徒餓了，就掐了麥穗來吃。因掐麥穗是收割的一個動作，而猶太人規定安息日是不能做工的，於是法利賽人就指責他們。耶穌回應說，法利賽人只重視儀文，根本曲解了上帝律法的原意。

那天，我到境管局去，想為女兒申請居留證，用居留證來辦戶籍。我向承辦人員說明狀況，她拿出一張表格，要我將女兒填在非婚生子女那欄。

我連忙搖頭：「我女兒不是非婚生子女，是婚生子女，出生證明上有父親名字。」

她說：「父親沒簽名就不算是婚生子女。你想辦居留證就必須這樣填。」

我再問：「但明明是婚生子女卻填非婚生，這樣算不算偽造文書啊？」

她有點不高興了：「這沒關係的啦！非婚生子女只是沒有財產繼承權而已。」言下之意，好像我堅持女兒當婚生子女是為了分前夫財產似的。

我心想，我們一點也不在乎他的財產，從未考慮繼承。他多年都不來看女兒，又不付撫養費，可能真的不想承認這個女兒了。

父女關係都已如此，我還這樣糾結在「婚生」與「非婚生」之間，豈不就像法利賽人一樣拘泥於法條文字嗎？我不禁啞然失笑。

就這樣，我幫女兒辦好了戶籍，女兒在台灣從母姓，父不詳。

想當年在澳洲懷孕，只因怕女兒「父不詳」遭到恥笑，才在她出生前兩個月，草草跑去登記結婚。沒想到結果依然是「父不詳」，想來還真諷刺。

真是人算不如天算，只能說，這一切，冥冥之中早有定數。

更沒想到的是，**「父不詳」的身分，居然是上帝為女兒預備的保護傘**。

她在台灣定居那四、五年，前夫以為她還在澳洲，因此躲過了前夫的注意，保護了她不受爸爸干擾，得以安安靜靜地讀書，直到國中畢業搬回澳洲。

證諸前夫知情後對女兒的騷擾，上帝這四年的未雨綢繆，讓人既驚訝又嘆服。

就在女兒搬回澳洲不久，她台灣的學籍被爸爸發現了，果然一狀把我們告進台北法院，說要行使探視權。其實他大可到澳洲探視，但因逃避撫養費，所以放棄了澳洲，堅持女兒回台就必須讓他探視。

那年女兒十五歲，聖誕假期從澳洲返台度假，依法院判令，必須讓爸爸探視。這是她長大之後第一次與爸爸見面。

他們約在餐廳會面。沒多久女兒就回來了，說：「我再也不去了！爸爸要他司機逼我上車，要載我去他家過夜。我才不要！」

我想想也是。八年沒見面的爸爸，對正在發育中的女兒來說，已如陌生男子一般令她不敢親近。沒想到前夫大怒，立刻又去法院提告。

開庭那天，法官對女兒說：「十六歲之前，讓爸爸探視是義務。」女兒當庭嚎啕大哭，委屈地說：「我不要去！我不要去他家！我不敢去。」

法官了解了狀況，說：「爸爸有探視權，但不能妨害你的人身自由。」

最後商妥讓她給爸爸探視兩次，但只在圖書館，不去他家過夜。

約定探視的時間到了，我送女兒到圖書館交給她爸爸，只是女兒待不了多久就又

跑出來了。面對凡事以提告作為威脅的爸爸，女兒只想逃。

隔天，他爸爸找了一位朋友跟著，女兒一跑，那人就追，把女兒嚇得後來經常做惡夢。十六歲以後，女兒再也不肯和爸爸見面了。

我想起「耶穌斥責律法主義」的事。親子關係豈能用法律條文來規範？強制規定的探視權，如果沒有真情，又有什麼用？只可能把人越推越遠罷了。

你呢？你曾被法律條文綑綁而忽略法律精神嗎？

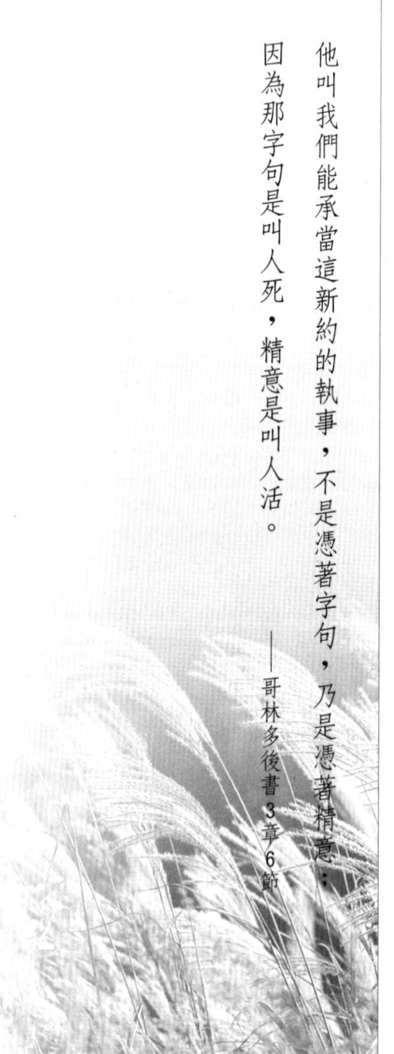

他叫我們能承當這新約的執事，不是憑著字句，乃是憑著精意；因為那字句是叫人死，精意是叫人活。

——哥林多後書3章6節

拍了十年的戲

人生像演一齣戲，上帝是導演。偶爾讓自己當當觀眾，才能欣賞導演的精采。

我在澳洲的官司遲遲無法結束。因為知道是上帝在操練我，所以努力叫自己不要焦躁，把心思放在服事上。那時我和女兒已回台定居，遇到官司開庭，我就必須飛回澳洲。

對冗長拖延的事情保持不焦躁的方法，就是以旁觀者的心情，欣賞上帝如何導演這齣戲。我這齣人生大戲，已經拍了十年了。

猶記得官司進行到第八年時，法官督促雙方庭內和解。因和解了就不會再有上訴，否則前夫敗訴了又上訴，官司拖太久，實在浪費法律資源。

但是上帝多次曉諭我，前夫心剛硬，是不會和我和解的。我也有了長期作戰的打算，只是很好奇上帝要如何讓這齣戲落幕。

我的律師和狀師都是正直的人，並不想多賺我律師費，均努力配合法官想早點結束官司。他們開出十分退讓的條件，要我同意和解。

我說：「不是我捨不得這樣退讓的條件，只是我的上帝一直告訴我，我前夫是不會同意和解的。不信你們試試。」

那次，我的律師和狀師花了許多時間和我前夫談和解，果然都失敗了。

官司拖到第十年，法院又開庭了，法官還是希望雙方能談成庭內和解。我方律師面有難色，他們也知道很難。

第一天開庭，前夫故意不到庭，要突顯是他妹妹告我的，和他無關。我方律師立刻抓住機會和他妹妹那方直接談判。

出乎意外，一下子就談成了。雙方立刻到法官面前簽署了和解書。

隔天，前夫得知他妹妹和我方達成和解，立刻提出反對，但已來不及了。法官怕他再搞破壞，當庭做出判決。他不死心，再提上訴，均被駁回。

澳洲官司打了十年，就這樣意外結束，大導演為這齣戲畫下這樣的休止符，太精采了！等觀眾我從驚愕轉成驚喜，不由得大歎上帝的奇妙。

你呢？欣賞過上帝在你人生中導演的大戲嗎？

他行大事不可測度，行奇事不可勝數。

——約伯記9章10節

與缺陷共處

用感恩的心情數算恩典，就可與生命中避免不掉的缺陷和平共處。

朋友身體檢查，發現有癌細胞。他決定不做化療，而是改變生活方式，與癌細胞和平共處。他減少使用電腦與手機，每日吃健康飲食，睡眠充足，享受陽光與新鮮空氣，並加強靈修，排除所有負面情緒。幾年之後，癌細胞退化不見了。

使徒保羅（保祿）身上曾經有一根刺，屢次求上帝為他除掉。但上帝卻要他與刺和平共處，說：「我的恩典夠你用的，因為我的能力是在人的軟弱上顯得完全。」

我的官司打了十四年，其實主要判決在第六年已形成。澳洲官司雖在第十年結束了，但台灣的官司卻依然沒有結束。

官司是我身上的一根刺，上帝也要我與它和平共處，見證祂恩典夠用。

打官司其實是上帝塑造我品格的訓練營。如果只打六年，品格還未定型，老我極易重現，一如癌細胞復發。但操練十四年，基本上就定型了。

品格的塑造就像駕駛訓練，需不斷重複步驟，直到成為習慣性動作。一旦碰觸方向盤，不需透過腦子思想，下意識就可以出現反應行動。因為那些動作已經變成自己身體的一部分，如良知良能了。

只是這樣的操練需要時間，必須與病痛長期相處，需要忍耐與等待。

有一次，我又軟弱，向上帝哭求讓我官司早點結束。聖靈回應我：「你去讀〈申命記〉，看摩西如何為以色列人數算恩典。你也數一數做個見證吧！」

我依言逐一數算。的確，這個官司，我缺什麼上帝就供應什麼！恩典不但夠用，還讓我經歷許多奇蹟，凡事順利。我向身邊的朋友作見證，越說越有成就感，越說越喜樂。難怪保羅說：「我更喜歡誇自己的軟弱。」（哥林多後書 12:9）

數算恩典，就充滿感恩；做見證，就充滿喜樂；更能與病痛和平共處了。

從此我愛上了《數算恩典》這首詩歌：「若把主的恩典從頭數一數，必能叫你驚訝立時樂歡呼。」每逢沮喪或軟弱，就去唱幾遍，唱到自己喜樂為止。

你呢？你的缺陷是什麼？能用數算恩典的方法與它和平共處嗎？

求你指教我們怎樣數算自己的日子，好叫我們得著智慧的心。

——詩篇90篇12節

願意做的心

上帝樂於讓你發揮祂賜給你的才幹，但要有一顆願意做的真心，而非沽名釣譽。

當我官司打到第六年，上帝呼召我做祂的工。官司打到第八年，上帝明確告訴我，官司遲遲未結束，是因祂在試驗我，看我是否遵守祂的誡命（申命記 8:2）。顯然，上帝在天上為我打分數。我是否遵行祂的呼召去做服事，會影響我官司能不能早點結束。以色列人何時結束曠野的漂流，就看他們何時準備好遵行祂的旨意進入迦南地（客納罕）。有了這樣的體認，我便盡可能地做服事、當義工。

起初靈命還不夠成熟，做服事難免急功好利，一遇障礙，就灰心喪志。有一次遇到瓶頸情緒低落，向上帝訴苦：「我這麼努力，他們為什麼不領情？」不久就接到聖靈的安慰與提醒：「放輕鬆交託吧！豈不知祂應許『我的軛是容易的，我的擔子是輕省的』。」（馬太福音 11:30）

上帝在乎的不是服事的成績或表現，祂在乎的是一顆願做的心。而且是一顆真心，不是沽名釣譽或貪功求利的心。

只要有願做的心，上帝就會使用祂賜給你的才幹，讓你發揮。**是照你有的才幹，而不是你沒有的**。上帝不會要你去做你不擅長的事。

祂使用我打官司的經歷，讓我做單親關懷服事，籌組「單親互助會」，幫助失婚婦女。又使用我過去在報館的經歷，去做文字事奉，編寫屬靈刊物《靈修族》。還使用我上BSF課程七年的經歷，在台灣不同的教會，陸續開了三個「英文查經班」，以帶小組的方式教授英文聖經。祂沒有要我去做我不會做的事。

祂也會把祂要你服事的人或事帶到你身邊。所以我們只要服事好身邊的人與事就對了。祂並沒有要求每個人都像德蕾莎修女那樣到印度去做服事。

抓住主的應許，放輕鬆做服事，就能越來越得心應手，且能如鷹展翅，奔跑不困倦，行走不疲乏。

你呢？你是否有一顆願做的真心？

人若有願做的心，必蒙悅納，乃是照他所有的，並不是照他所無的。

——哥林多後書8章12節

最令人安心的證據

當人面向陽光，陰影就被拋到背後。當人見到耶穌，紅塵世俗就不值得留戀了。

從來不信教的父親，在他過世前蒙主揀選決志信主，讓我更堅信「一人得救全家得救」的應許。

父親是中學的國文老師，一輩子信奉儒學。「不知生焉知死」、「敬鬼神而遠之」是他堅固的思想與信念，牢不可破。

父親雖然在基督教學校任教數十年，但一直把聖經當成理論學說。他肯定基督的犧牲精神，但從未把耶穌接進心裡當救主。

他是人們心中品德學養兼備的模範教師。但許多牧長向他傳福音都被婉拒。自我信主以後，就一直為家人禱告，尤其年邁的父母，盼他們來得及得救。上帝屢次讓我讀到「一人得救全家得救」的應許，只不過遲遲還未應驗。

就在父親過世前一年半，有一天，他臨時起意，居然偕母親跟我上教堂。教會的傳道與師母也極為熱心，經常來探訪，父親和他們成為了朋友。

小女兒回台灣就學之後，每逢週日，我們家總是祖孫三代一起上教堂。有一天，父親鄭重地對我說：「有一句話說的真是太好了：在人不能，在神凡事都能。」我一聽就知道他已經信了，於是想安排他受洗。

然而沒多久，九十歲的父親就中風住院，長時間昏迷。我難過極了，而且懊悔萬分，怎麼就沒來得及安排父親受洗呢？萬一他過世，能被主接去祂那裡嗎？

我哭腫雙眼，不斷哀求上帝：「主啊，求祢讓爸爸醒轉，讓牧師為他受洗吧！在沒受洗前，千萬別讓他走啊！祢應許一人得救全家得救的！」

我每天到病床前為爸爸唱詩、讀經禱告，回家立刻跪在地上向上帝痛哭哀求。照顧父親一年多的傳道也幾乎每天來醫院探訪，為他做決志禱告。但因爸爸大半身麻痺，無法清楚表達，我們也不確定他意識是否清醒。傳道說：「蘇伯伯已經心裡相信，口裡也算承認了，只差沒舉行儀式罷了。」

但這到底算不算？這可要上帝說了才算！我十分著急，屢次哭求上帝給我證據，讓我知道爸爸是否已經得救。

那天，我又在父親病床前讀經給他聽，讀的是〈詩篇〉第十八篇。上帝的話臨到我：「這段經文正是你父親正在陰間發生的事，他正在和黑暗勢力爭戰。」

我瞥見父親眉頭深鎖，表情陰沉，似乎正如經文所述：「死亡的繩索勒住我，毀滅的急流驚嚇我，陰間的繩索纏繞我，死亡的圈套臨到我。」我的心一陣狂亂，極其不安。但當唸到「祂從高天伸手抓住我，把我從大水中拉上來」（18:16）時，我看到父親的眉頭解開了，神情舒緩了下來。顯然，這是上帝把爸爸從死亡的大水中救起來了。爸爸得救了，爸爸的名字已經寫在上主的生命冊上了。

我大大鬆了一口氣，從哀傷轉為欣喜。之前天天大哭，但從那一刻起，我的眼淚自動收起，到爸爸斷氣，我都沒有再哭。因為很確信主與爸爸同在了。

爸爸斷氣那天上午，傳道來探望，帶領唱詩歌：「當轉眼仰望耶穌，定睛在祂奇妙慈容，在救主榮耀恩典大光中，世俗事必要顯為虛空。」

主的話又臨到我：「這歌正是他見到救主耶穌的寫照。」

當人見到耶穌榮耀的那刻，紅塵俗世的一切就顯得太不重要，不值得留戀了。

我受到極大的衝擊與感動。望向爸爸的臉龐，容顏安祥，眉宇清澈。當他見到耶穌的榮光，就鬆手了，拋開對紅塵與親情的不捨，安心準備跟祂走了。

果然沒多久，他在平靜安祥中斷氣。

我感謝主給我這麼明確的證據，讓我安心，也很放心。爸爸確實在主那邊。

我們從容地為爸爸在濟南教會舉辦了莊嚴的安息禮拜。這是他走完此生的畢業典禮。我想，也算是給他補辦的受洗典禮吧！

安息禮拜中，爸爸任教數十年的台南長榮女中校友詩班獻詩〈免煩惱心平安〉（我心靈得安寧），當那清澈聖潔的歌聲流瀉迴盪，許多人都受到了觸動。我清楚感受到聖靈降臨在我們中間，一陣又一陣深深的感動。

上帝果真如此信實！一人得救全家得救，祂實現了應許，也慷慨給了我確據。

你呢？你是否鍥而不捨地為家人的信仰禱告呢？

當信主耶穌，你和你一家都必得救。

——使徒行傳（宗徒大事錄）16章31節

仗義的勇氣

上帝把需要你扶助的人帶到你身邊，然後在天上看你是否真有道德勇氣。

俗話說：「人在做，天在看。」我們是否真的遵行聖經的教訓，上帝都在看。

有陣子我經常上媒體談論失婚婦女的救援問題，有一天接到一通電話，問我能不能幫她妹妹的忙。我說沒問題，問她是什麼情況。

她回答我說：「我妹妹是你前夫的太太，他用當初傷害你的方式又在傷害我妹妹，不讓她回家看孩子，又到法院去告她。」

我大吃一驚，原來他們在一次爭吵之後，太太負氣回娘家幾天，丈夫就趁機把大門換了鎖，太太再也回不了家，就這樣被掃地出門。

為什麼會這樣呢？原因和我當初情況一樣，是丈夫的猜疑心作祟，懷疑太太不忠，認為太太和他結婚都是為了貪他的錢。

自卑的人容易猜疑，無法信任別人。總是先下手為強，見影子就開槍。

他對第二任太太所做的事，和他當初對我做的非常相似。這樣充滿算計、缺乏愛

的家庭環境，對亟需安全感的孩子是多麼殘酷！

疑心病的人，即使到頭來發現弄錯了，也無法停止猜疑。一切都回不去了。

我了解那樣的傷痛，油然生出同情之心，毫不猶豫地答應幫她。

但那時我與前夫的官司尚未結束，前夫於是透過一些朋友傳話，警告我不要插手他和他太太的事，否則與我的官司他絕不鬆手。

我的朋友也勸我：「你別管閒事了，否則你們的官司更沒完沒了了。」

我把這件事擺在禱告上，求問上帝我該怎麼辦才好。

結果靈修讀到〈腓立比書〉（斐理伯書）2章4節：「各人不要單顧自己的事、也要顧別人的事。」還有〈出埃及記〉22章22節：「不可苦待寡婦和孤兒。」

聖靈也敲著我的良知，說：「一般不認識的婦女來求助，你都幫了，何況是她。上帝讓你經歷之前的苦難，不就是要藉著你去幫助同樣受苦的人嗎？」

第一次陪前夫的太太出庭，她從頭哭到尾。結束後對我說：「我好沒用，看到他在那裡，就忍不住傷心難過。真是佩服你如此鎮定。」

我安慰她：「我和他的官司已經打了十幾年了，你才剛開始呢！」我想起我第一次挨他告上法庭的時候，不也是這樣哭個不停嗎？

若連這樣同病相憐的人我都不伸援手，那上帝也不會原諒我吧?!

仗義，是上帝創造之初就放在人心裡的道德感，就看我們有沒有勇氣去實踐。

你呢？碰到待援助的弱勢，你是否有道德勇氣？

你們要尋求公平，幫助受欺壓的，替孤兒伸冤，為寡婦辯護。

——以賽亞書1章17節

把不可愛的人變可愛

愛，越去愛就越愛。苦，越怕苦就越苦。

父親過世之後，母親的老年失智症更嚴重了，加上喪偶的憂鬱，脾氣變古裡古怪，令人招架不住。

要應付失智老人引起的雞犬不寧，的確不易。老媽可以在三更半夜起來鬧，氣沖沖地質問我：「你怎麼可以把我那包黃金手飾扔了？那是傳家寶啊！」

我把那包黃金手飾找出來拿給她，她悻悻然拿走，找地方藏了。結果這樣更糟，她藏來藏去藏丟了，還是生氣地說我把它扔了，鬧得大家一整晚都沒辦法睡覺。

又有一次，她指著小女兒嚴厲地向我告狀：「她偷拿我的助聽器。你叫她過來跪在這裡懺悔。家要有家法。你這做媽媽的都沒好好教小孩！」

我為女兒解釋：「她沒有偷你的助聽器，你沒有證據，不可以亂說。」

但老媽卻信誓旦旦，說得繪影繪聲：「我剛剛在廁所裡明明看到她到我房間偷東西。不然我的助聽器怎麼會不見？」

女兒倒是沒啥反應，說：「你明知婆婆病了，幹嘛跟她一般見識？」她自顧自走進房間玩她的電玩，對我說：「你開電視給婆婆看，十分鐘她就忘了。」

果然，電視一開，不到幾分鐘，老媽已全忘了這回事。

老媽成天呆坐沙發上看電視，我擔心她退化太快，要帶她出去走走，她說什麼都不肯。有一次我硬拉她起來，她大怒，拿了菜刀要砍我，嚇得我趕緊逃跑。

這樣不講理的老人實在太不可愛了，已經不是以前那個知書達禮的母親了。

但聖靈提醒我：「你們若單愛那愛你們的人，有什麼賞賜呢？」（馬太福音 5:46）**上帝不要我們只愛那可愛的人，還要愛那不可愛的人**。何況是自己的母親。

女兒也說：「說不定你老了也是這樣！」

這話說得我膽戰心驚。我怎麼對待我媽，將來孩子就怎麼對待我。有樣學樣！

但該如何照顧不可愛的失智老人呢？我禱告求上帝賜給我智慧。

聖靈給我錦囊：第一，把不可愛的人變可愛。第二，把苦差事變有趣。

想把不可愛的人變可愛，先改變自己。你覺得他可愛，他就可愛了。改變自己要先除去自我中心。不能一味用自己的方式，要用他可以接受的方式。愛是在別人的需要上看見自己的責任。

我先調整自己心態，開始想辦法取悅母親，讓她開心。開心的老人可愛多了。我凡事都先順著她，不和她正面衝突。她開心就好！她開心我也心情好。

但該做的事還是得做，還是必須帶她出門走動。但要勸動她可是件苦差事。

要把苦差事變有趣，先讓自己產生興趣。做有興趣的事，苦差事就不覺得苦。

於是我對女兒說：「我們來動動腦筋，玩一下創意的遊戲，看誰能把婆婆帶出去散步！」

苦差變遊戲，聽起來滿有趣的。連我自己也有興趣玩玩。

不一會兒，女兒興高采烈跑來跟我說：「如果我成功了，你要怎麼賞我？」

談好了獎賞，我好奇她葫蘆裡賣什麼膏藥，她卻神秘兮兮地對我說：「你等下不是要出去嗎？晚上回來就知道了。」

待我晚上回來，果然看到女兒和老媽在住家對面的學校操場裡走動，女兒看到我，一臉興奮地跑來討賞，得意的不得了。

原來，傍晚天要黑時，她就換了衣服作勢要出門。

婆婆問她：「天黑了，你要去哪裡？」

女兒回答：「我要去對面學校操場跑步。」

婆婆說：「天黑了，女孩子出去危險啊！你媽不在，你一個人不要出去！」

女兒趁機撒嬌：「那婆婆你陪我去！」

女兒告訴我：「婆婆好可愛，她歪著頭想了一想，就拿著拐杖跟我出來了！哈哈！我成功了！」

母親耳朵重聽，不懂我們在說什麼，但看到女兒又笑又跳，也跟著開懷傻笑。讓我感動的是，母親雖然失智，但對子女的愛還是那麼本能。這麼可愛的老人，怎麼可能不愛她？我摟著她大笑，她也笑，還一邊說：「三八！」

笑會傳染，愛會飛揚，喜樂的心乃是良藥，老媽的失智與憂鬱減輕許多，照顧她不再是件苦差事，反而處處充滿樂趣與歡笑。我更愛她了。

又有一次，母親已九十歲，說好要去洗澡。但等我放好洗澡水，她又拖拖拉拉不肯去。水涼了又再加熱，但她仍然不肯動。

我扶她假裝說要到餐廳吃飯，經過浴室門口就想押她進去，連續三次她都不上當。最後一次甚至變了臉：「不洗就是不洗啦！」我趕緊順著她轉移話題。

於是我自己跟自己玩創意的遊戲。我倒了一杯水給她，並開電視讓她看。過一會兒，我假裝伸手幫她拿水，故意一不小心，就把半杯水打翻在她褲子上。

既然褲子都打溼了，她也就不再掙扎，很快就進浴室去洗澡了。

我充滿成就感，決定好好犒賞自己一頓。等老媽出浴，身上香噴噴的，我們一起享受了一頓大餐。老媽還跟著我讀經、禱告，純真得像個小孩。

我立刻想起耶穌說：「你們若不回轉，變成小孩子的樣式，斷不得進天國。」（馬太福音 18:3）眼前這個失智老媽，不就是回轉變成小孩的樣式嗎？

當天晚上，我開心地搬到她床上跟她睡，母女共享天倫，歲月靜好。我很感恩上帝讓我在母親晚年有這麼一段美好的日子。

我更加相信：愛，去愛，就更愛；苦，怕苦，就更苦。

你呢？你嘗試過用愛來把苦差事變為有趣嗎？

要孝敬父母，使你得福，在世長壽。這是第一條帶應許的誡命。

——以弗所書6章2節

認輸的時候，就贏了

上帝能用祂獨特的方式把壞事變成好事。看似輸了面子，其實贏了裡子。

我在澳洲的官司勝訴之後，雖然台灣的官司還沒有結束，但我已經無心戀棧。我忙著服事及自己的新生活，日子過得十分充實，幾乎忘記有打官司這回事。

由於證據不足，台灣的官司我敗訴了。然而判決一出，前夫就立刻再對我提告，稱我「誣告」他。我以為，證人證據這麼明確，何誣告之有？也不當一回事。

沒想到判決下來，我居然輸了。法院判我一年徒刑，兩年緩刑。

真是豈有此理，怎麼會這樣？台灣的司法太不公道了。

我跑去找牧師，想問他：「上帝不是與我同在嗎？怎麼會讓我輸呢？」

沒想到牧師第一句話就說：「徒刑有什麼了不起？我也被判過！」

我聽了噗哧一聲就笑出來了，也就不覺得難過了。

和牧師討論之後，我決定放棄上訴，想認輸了事，結束官司。沒想到前夫卻揪著我不放，認為法官判得太輕了，他提出了上訴。於是官司又拖了下來。

又經過一、兩年的訴訟，律師告訴我即將宣判了。

宣判前一天，我和一位姐妹一起禱告，她是我長期禱告的伴。她為我禱告說：「求主保守官司的宣判，不論任何結果，都賜下平安、喜樂給蘇姐妹。」

我一聽，就預感這次判決又輸了。因為一般幫人代禱，通常是求勝訴，但聖靈感動這位姐妹，不是為我求勝訴，而是為我求平安。

上帝顯然什麼都知道，把我隔天聽宣判所需要的心情都先為我預備好了。

果然，判決宣布，我又輸了，法院判我九個月徒刑，緩刑三年。

但因已有心理準備，所以也沒覺得太衝擊。

那天，我和朋友聊起來，我說：「也不知道為什麼，這次輸了沒覺得太難過，反而還有一點喜滋滋的，似乎有什麼好事要發生。」

朋友問我：「你官司從開始到現在打了多久了？」

我說：「進入第十四年了。」

她不解地問：「他到底是想要幹什麼？」

我無奈地說：「大概就是想用官司一直把我纏住吧！」

突然，靈光乍現。因為官司打了十四年。「十四」是我的幸運數字，是上帝賜福的意思。那是不是真的有什麼好事要發生？會不會上帝要讓我結束官司了？

我跑去問我的律師：「如果我方上訴，到時候還可以撤銷嗎？」

律師回答說：「可以的。」

我拜託律師：「那請你快快幫我提上訴，讓我前夫認為官司肯定會繼續打下去，他就不用去上訴。等到截止那天，再幫我撤訴吧！」

我不想如上次那樣，因我方沒上訴，他就去上訴了，我想認輸都沒辦法。

律師趕緊替我提了上訴，等截止日一到，我方就撤訴，**這下終於讓打了十四年的官司奇蹟式地畫下句點**。

既然三年緩刑，我就立刻在澳洲報讀神學院碩士班，一念剛好三年。三年道碩畢業，我的官司緩刑也結束了。

就這樣，我成了傳道人。就像我名字的諧音輸實贏，當我認輸時，我就贏了。

你呢？曾經歷過看是輸，實是贏嗎？

他們經過流淚谷，叫這谷變為泉源之地，並有秋雨之福蓋滿了全谷。

——詩篇84篇6節

PART

6

屬靈的新生活

在神學院讀道學碩士的那三年，是我此生最快樂的時光。

三年隱修的日子，不但享受上帝所賜的恩典，更學習單單享受祂。

這個信仰，已經變成我堅定的生活模式了。

但願人因耶和華的慈愛和祂向人所行的奇事都稱讚祂！

——詩篇 107 篇 8 節

背後推著的手

上帝賜下恩典，也要我們回饋以服事。一旦承諾服事，祂也不容我們偷懶怠惰。

從沒想過五十多歲才去學校讀書。但若是上帝的旨意，一切就發生得很自然。既然台灣官司被判三年緩刑，我想去讀個書也不錯，三年讀完緩刑也結束了。我向牧師提了一下，他也順口告訴我，離我們那區不遠有家神學院。我回家時剛好路過，就進去逛了一下，在辦公室拿了表格，回家就順手填好交了。**一切都那麼自然，沒有一點刻意，好像背後有一隻手在推著我走。**

不久，學校來一封信，要我去考英文能力檢定測驗（雅思 **IELTS**）。我心想，我都五十多歲了，實在不想跟年輕人去擠這種考試，太折騰了。

我向上帝禱告：「主啊，不是我不肯接受裝備，是學校不收我啊。但我還是會服事祢的。」

我承諾過要服事主，做祂的工，從來沒後悔。只是服事並不一定非要念神學院。沒多久收到學校來信，要我寫下我的工作經歷，代替雅思。我詳細填完後交回，很快學校就通知我去面試，不久就給了我入學許可。一切順風順水。

就在開學前兩天，我帶了一千多元澳幣趕到學校註冊，結果發現學費不是一年一千多元，是一科一千多，一年要修九科，要一萬元澳幣，即二十多萬台幣。我一聽愣住了。這可大大超出我的預算。我再向上帝禱告：「主啊，不是我不肯接受裝備，是實在超出我的預算啊。」

註冊老師看我遲疑，就問我有沒有帶稅號，可以幫我申請助學貸款。通常一般人沒事是不會把稅號帶在身上的，我平常也不帶，但那天偏偏就帶了。就這樣，靠著助學貸款，我沒花一分錢就在神學院讀了三年書。澳洲的助學貸款是要畢業後從事相關行業且薪資超過水平，才需分期償還的。

回顧打官司的十四年，**上帝一邊鍛鍊我**，**一邊一次又一次給我恩典**，帶我走過死蔭幽谷，讓我躺臥青草地上。我既承諾要服事祂，做祂的工，祂也不容我偷懶怠惰、虛假應付。一手把我推進神學院接受裝備。

你呢？你以什麼服事來回饋祂的恩典？

多給誰，就向誰多取；多託誰，就向誰多要。——路加福音12章48節

殘缺的祝福

上帝賜給人最大的祝福，就是讓人學會依靠祂，不再倚靠自己。

舊約聖經記載了雅各和上帝摔跤的故事。

雅各個性非常好強，處處都要爭贏，總是倚靠自己的力氣。有一次他在雅博（雅波克）渡口和一個人摔跤，雅各贏了，那人往雅各的大腿窩一摸，就讓雅各的腿筋扭了。雅各意識到這人是上帝的化身，就要求這人給他祝福，結果上帝就讓他瘸了。

讓雅各腿瘸，居然是上帝給他的祝福。

對一個好強的人，身體殘缺讓他不再能自我憑恃，有助於學會單單倚靠神。

我從五十多歲就開始耳朵重聽，這項身體的殘缺，也是上帝給我的祝福。

我進神學院上課的第一天，戴著八百度近視眼鏡及耳朵上的助聽器。

一堂課下來，我發現我半句都聽不懂。助聽器並不十分管用，聽中文都吃力了，何況聽英文。而且重聽以後，我已習慣靠讀唇來幫助聽力，但坐在後面，即使戴著深度近視眼鏡，讀唇也讀不清楚。

我非常挫折。回家的路上，一直禱告：「主啊！服事不一定非念神學院不可吧？我聽不懂，上課也是白來，我放棄了！」

一進家門，迎面就看到客廳掛的那幅字畫，上面寫著：「我的恩典夠你用的。因為我的能力是在人的軟弱上顯得完全。」（哥林多後書 12:9）

聖靈告訴我，**上帝要我學會放下自己，單單倚靠祂。祂恩典夠用**。

我禱告求上帝賜我智慧，然後誠懇地寫信給所有的授課教授，告知我的耳疾，請他們上課時盡量面向我，讓我能讀到他們的唇。我一定會坐在第一排，努力地聽明白。

教授們都很有愛心，不但特別注意我的需要，有的還特別發給我講義，幫助我用閱讀來彌補聽力的不足，別人可都沒有。

我從小就如雅各那般爭強好勝，重聽讓我不再能自負自恃，懂得謙卑，並學會更多倚靠神。領受到「我什麼時候軟弱，什麼時候就剛強了」。

你呢？還倚靠自己的聰明嗎？

你要專心仰賴耶和華，不可倚靠自己的聰明，在你一切所行的事上都要認定他，他必指引你的路。

——箴言3章5—6節

享受「屬靈餐」

上帝的旨意是要人離開舊的生活方式，去追求一個聖潔的新生活。

那一年，我去神學院接受裝備，為了上課方便，我想搬到學校宿舍去住。然而周圍習慣了貴婦生活的姐妹們卻同聲反對，說：「別傻了，那種窮學生的日子，你不可能過得慣的。」

的確，旁邊年輕的同學大多過著窮學生的日子，平常三明治、薯條或漢堡就是一餐，穿著也是T袖、牛仔褲，生活極其簡單。

我也很猶豫，要從時尚高檔的電梯大樓搬到又小又舊的學生公寓，真能習慣嗎？生活中缺少美食、華服，會不會太寒酸？我切切禱告，求上帝指引。

很快地，我接到了神的回應，只有四個字——分別為聖。一整個晚上，這四個字就縈繞在我眼前、腦中，揮之不去。

這麼奇怪的四個字，是什麼意思呢？「為聖」二字不難懂，就是「成為聖潔」；但「分別」二字，是指各別的，還是指分開、離別、再見的意思呢？

我心想，這有可能是從英文翻譯過來的名詞。於是上網去查英文聖經，查到「分別為聖」的英文是 Separation。我一驚，差點從椅子上摔下來。

這個英文字我再熟悉不過了。我自己打離婚官司，在律師事務所也專門做離婚案件，Separation 正是「分居」的正式法律名稱。

太奇妙了，我向上帝求問的是居住問題，祂也用居住的專有名詞來回答我。**分別為聖，就是要我離開舊時的貴婦生活圈，去過一個聖潔的新生活**。

顯然，這就是上帝的旨意。我二話不說，立刻搬家。

我們這群姐妹原是教會的「貴婦團」，一向過著小資的生活。雖也查經聚會，但也經常一起上餐廳享受美食。我們總認為：「錢財是上帝所賜，吃好的、用好的、開名車、住豪宅，理直氣壯，上帝並沒有要我們過窮酸的日子。」

比起當年還未信主前那種有傭人、司機、無魚翅不歡的日子，信主後這群姐妹的生活並不算高調或炫富，只是仍有著低調奢華的影子。我們稱之為「品味」。

但是上帝要我學習更簡約質樸的生活。走服事的道路，連低調的奢華都應該摒棄。因為財寶在哪裡，心也在那裡。

於是我搬進校園，過起了新生活。簡約質樸的日子自帶著淡定的喜樂，沒有奢華，卻也沒有捉襟見肘的寒酸。

起初，那幫貴婦團姐妹們還會語帶揶揄嘲笑我「越活越回去」。但見我日子過得充實又喜樂，有些反而好奇圍過來想探個究竟。

學校餐廳的食物簡單、便宜，卻不失精緻，她們不再愛上餐廳去追逐美食，倒喜歡來我這綠意盎然的校園餐廳吃「屬靈餐」。

有一天，一位姐妹聊起來說：「奇怪，我的口味變好多，現在對龍蝦、鮑魚都興趣缺缺，反而很喜歡啃芹菜、紅蘿蔔。」

她不是吃不起，而是屬靈生命成長了，不再覺得追逐美食有那麼重要了。

另一位貴婦姐妹也說：「我看到有關魚翅的保育影片，捕殺鯊魚取翅的鏡頭太殘忍了。我從此不吃魚翅了。」

靈命成長，愛心與憐憫心也同步增長。想起世界上還有那麼多人連東西都沒得吃，自然就對山珍海味沒了食慾；看到高價格菜單，就自動跳過。

簡樸成了生活的樣貌，追求聖潔就容易多了。你呢？曾經有分別為聖的經驗嗎？

他們的結局就是沉淪；他們的神就是自己的肚腹。他們以自己的羞辱為榮耀，專以地上的事為念。

——腓立比書3章19節

小確幸的隱修生活

隱修讓人視功利如塵土，看世事如輕煙；未必改變世界，卻能不被世界改變。

以前很羨慕古代中國的隱士以及歐洲的修士，那種恬淡高潔、超凡脫塵、不受世俗影響的境界。上帝給了我三年時間，淺嘗了一下其中的滋味。

在神學院那三年，可說是我這輩子最快樂的時光。兒子與大女兒已學成到外地就業，我帶著小女兒住進學校宿舍，一起過著典型神學生的隱修生活。

我學習不只享用上帝所賜的恩典，更單單享用祂。祂的同在就是最大的恩典。

碩士生每學期最少修四門課，每門課要交兩篇小論文，每篇小論文最少閱讀十五本書。一學期就須讀一百二十本書。每天泡圖書館，既是必須，也是享受。

我經常圖書館一開門就進去，晚上關門才回家，吃飯就在學校餐廳解決，交誼廳還備有上午茶與下午茶點。年少時讀書常帶著升學競爭及考試的壓力。老來讀書則純粹為了興趣，徜徉在書海的日子覺得格外幸福滿足。

學校規定每週在校園有禮拜，有小組團契，還有禱告會。加上自己原來教會的禮

拜、小組、禱告會，生活十分充實且忙碌。

隱修生活也常經歷許許多多的小奇蹟，充滿小確幸。

有一次年輕同學要在校園草坪上舉辦婚禮，氣象報告說整個星期都會下雨。所有同學都齊心禱告，婚禮那天上午，出太陽曬乾了草坪的雨露，下午兩點婚禮開始，天氣轉陰，不熱且無雨；婚禮過後卻又開始下雨。簡直太完美了。

校園景致優美，四季變換著風貌，總是令我流連忘返。圖書館前的楓樹在秋風裡由綠葉轉黃，秋風吹過，就像下黃金雨。深秋的楓紅美得叫人迷醉，冬天的枯枝也卓爾挺拔，雨中的校園如詩如畫，更是浪漫極了。每天接觸校園的大自然，欣賞著上帝奇妙的創造，讓我天天充滿感恩。

隱修生活使人視功利如塵土，看世事如輕煙。雖未必能改變世界，卻能不被汙濁的世界改變。你呢？嘗過隱修的美好滋味嗎？

不要愛世界和世界上的事，人若愛世界，愛父的心就不在他裡面了。

——約翰一書2章15節

孤獨的榮耀

對不該愛的人，除了要確保自己不愛上他，還要確保他不愛上自己。

在基督新教的教會裡，單身是不被鼓勵的。美滿婚姻才是主流。但是天主教卻強調單身守節更有福。沒有纏累，無所掛慮，更能專心服事主，因此神職人員須單身。而事實上，耶穌和保羅都是單身。

教會畢竟不同於修院，單身的確曾引起教會牧養上的困擾。如單身女教友破壞其他會友的家庭，牧長被引誘犯罪等。因此單身女性常被譏為「單身公害」。

保羅雖認為失婚婦女能守節最好，但也鼓勵再婚：「倘若自己禁止不住，就可以嫁娶。與其慾火攻心，倒不如嫁娶為妙。」（哥林多前書 7:9）

在我做單親關懷事工的時候，也發現許多問題來自於不聖潔的男女關係。一些失婚婦女極容易陷入不正常或不適合的戀情，造成令人遺憾的後果。

單身，其實是一種恩賜，並非人人能有，也無法靠禁慾來辦到。

倪柝聲說：「越是禁慾的人，越是充滿情慾的人。只有充滿了基督的人，禁慾的問

題不存在。」因為基督超過了這一切。

要維持單身恩賜，唯有讓基督充滿，以追求聖潔為樂，以擁有孤獨為榮。

時時靈修親近主，就能享受聖潔，那是比戀愛還美好的滋味。讓聖靈住進心裡，就是最好的陪伴；看似孤獨，卻不寂寞，反而提升了靈命的境界。

自從我失婚後，也曾遇過幾次情慾的試探。最常見的是有婦之夫來追求。未信主前總虛榮地認為，被人追求代表有魅力。被有婦之夫追求，那是他的錯；我只負責貌美如花，又沒有錯。對元配，我也認為：「是你老公來追我的，你管好自己老公吧！」

信主以後，漸漸覺得，被不對的人追求，其實是一種負擔，一點也不好。碰到有婦之夫來放電，我要求自己當消防員，盡速滅火，把對方電源拔掉。一定想方設法讓不該追我的人不要追我，喜歡都不能讓他喜歡上。

以前管好自己就夠了，現在不僅管好自己，還要管好對方。

有好幾次，當我發覺有不應該的人對我放電，我立刻禱告，請聖靈製造機會讓我去與他的太太做朋友。

當放電男看到我與他太太情如閨密，十之八、九，剛燃起的火苗就像被澆了一盆冷水，自己就熄了。

我因此輕鬆地除去所有不當戀情發生的可能，得以與緋聞絕緣。

我也曾遇過貌似條件很適合的對象，於是不斷禱告：「主啊，如果是祢的旨意，請讓我有戀愛的感覺；如果不是，請祢阻攔，讓我一點感覺也沒有。」因為**只要信，人的心思意念也歸上帝掌管，自由意志也會隨著上帝的旨意扭轉**。

戀愛的滋味固然美好，但聖潔的滋味，比戀愛更好！

享受孤獨帶來的聖潔感，讓我以單身為榮。那是上帝所賜的獎賞。

你呢？享受過聖潔美好的滋味嗎？

那召你們的既是聖潔，你們在一切所行的事上也要聖潔。

——彼得前書1章15節

求見證，得恩惠

上帝喜悅我們求見證過於求恩惠。求見證，比求恩惠更能得到上帝的恩惠。

那年，小女兒考完大學聯考，成績揭曉，比哥哥姐姐當年少了十分。但比起學校考前為她的估算，進步了三分。雖不是很滿意，但還是很高興。

小女兒第一志願填的是雪梨大學，第二志願是新南威爾斯大學。哥哥姐姐當年就是進入這兩所大學。但小女兒自知成績不夠，對這兩所大學並不敢奢望。

依過去的記錄，她的分數確定能進第三志願的麥考瑞大學。這間大學離家近，商科也滿不錯的，應該知足啦！

但小女兒仍希望能擠進第二志願，因為分數只差一點，說不定可低空掠過。

我勸她別想太多，就算擦邊錯過，那也是上帝的旨意。因為**上帝賜給你的一定是對你最好的**。哪怕是三流學校也有一流學生。

就在那時，上帝啟示我：「你要為女兒錄取的學校禱告，我要給你一個見證。」

我把這事告訴女兒。她興奮直問：「是不是上帝要讓我進第二志願？」

我搖搖頭說：「我也不知道！我們只管禱告求這個見證就是了。」

小女兒問：「如果還是第三志願，那還算見證嗎？」

我說：「第三志願已經很不錯了，幹嘛那麼貪心？上帝要我們求的是一個見證，並不是求第二志願。我們可別搞錯方向了。」

弄清楚禱告的方向很重要。上帝喜悅的是清潔的心、正直的靈；而不是貪心。

這樣禱告持續了兩星期，終於放榜了。小女兒一聲驚呼，叫我過去看，她不敢相信自己的眼睛，第一志願雪梨大學通知說她錄取了，這原是她想都不敢想的。

原來，當年許多考生填志願時調了順序，使雪梨大學經濟系的門檻降低了。加上女兒經濟科考得不錯，多加了幾分，就這樣進了她最愛的雪梨大學。

上帝行了奇事，賜女兒一個大恩惠，讓她考進第一志願，超乎我們所求所想。我們按著祂的心意求見證，就求來最好的恩惠。

我們常向上帝求恩惠，但上帝更喜悅我們求見證，為祂奇妙的作為做見證。求見證，比求恩惠更能得到上帝的恩惠。你呢？是否按上帝的心意求見證呢？

求祢為我造清潔的心，使我裡面重新有正直的靈。——詩篇51篇10節

上帝的靜默

上帝是行奇蹟的上帝。但祂不要人靠奇蹟來信祂，祂要人認識祂，靠信心信祂。

信主約十五年的時候，有一陣子覺得怎麼好久沒有聽到上帝的聲音了。

猶記得剛信主沒多久，每天早上四點鐘起來讀經，經常聽到上帝對我說話，經常遇見大大小小的奇蹟。那種驚奇與心靈的悸動，仍讓我時時回味無窮。

但好一陣子，祂似乎對我隱藏了。禱告，沒有回應；讀經，雖有一般性的領悟，卻沒有針對性的回應或特別的應許。就連住在心裡的聖靈，也似乎沉默了。

我有點擔心，連忙省察自己是不是做錯什麼事惹上帝不高興了？

那天經過一間學校，恰好碰到放學時間。我瞥見一位母親牽著一個幼童正在過馬路，後頭跟著一個中學生，母親沒有牽那個中學生的手，卻回頭看他跟過來沒有。

我頓時領悟，我的靈命已不再是幼童，而是中學生了。祂不必再像從前那樣牽我的手過馬路了。只是祂雖然靜默，卻依舊在那裡看著我，看我跟上祂沒有。

隔天的主日禮拜，牧師在台上證道，就教導「靈奶和靈糧」。屬靈的嬰孩喝靈奶，長大就必須吃固體靈糧。幼兒需上帝牽手過馬路，長大就不用了。但上帝其實還是在那裡看顧著。

上帝確曾行奇蹟讓我信靠祂，但當靈命成長，祂就不要我再倚靠奇蹟，而要我倚靠信心了。祂用沉默在鍛鍊我。

奇蹟不能造就信心，但信心卻可帶來奇蹟。上帝行奇蹟帶以色列人出埃及，但他們依舊沒信心；耶穌行奇蹟趕鬼，卻仍被譏為「鬼王趕鬼」。

多馬（多默）非要摸到耶穌手上的釘痕才肯相信，是靠奇蹟產生信心。但耶穌說：「你因看見了我才信，那沒有看見就信的有福了。」（約翰福音 20:29）

上帝的靜默其實是在鍛鍊我們的信心。讓我們慢慢放棄倚靠奇蹟，而學習倚靠信心。祂雖靜默不語，卻一直在那裡；雖沒有出聲，卻一直在護佑。

你呢？你還希望看到奇蹟才相信嗎？

凡只能吃奶的都不熟練仁義的道理，因為他是嬰孩；惟獨長大成人的才能吃乾糧，他們的心竅習練得通達，就能分辨好歹了。

——希伯來書5章13－14節

神的主權，人的本分

神有神的主權，人有人的本分。但我們都常常撈過界了。

人在遇到災難的時候總會問「為什麼」，為什麼會發生這樣的事？

那年，東日本發生大地震並引起福島核災，東京市長說是日本罪孽深重，遭到天譴所致。在神學院的課堂上，引起我們熱烈的討論。

同學問：「聖經說上帝用地震、天災來行懲罰，所以是上帝在懲罰日本嗎？」

教授答：「不！上帝沒說懲罰日本，聖經也沒這樣記，不能移花接木。」

神學教授非常科學，不容移花接木、張冠李戴這種不科學的事發生。

同學又問：「那上帝為什麼要讓這樣慘的災難發生在日本？」

教授回答：「那是屬於上帝的奧秘，如〈申命記〉29章29節所說。祂有權決定是否將奧秘告訴我們。祂不說，我們就不要苦苦追問。祂已經說的，我們就遵守。」

神有神的主權，人有人的本分。**「敬天」就是人尊重神的主權，不撈過界。**

但是上帝的確應許要保護信靠祂的人，這樣祂的話可信嗎？

一名基督徒女士在空難中罹難，有人問：「她這麼虔誠，上帝為何沒救她？」

有一本書《小屋》也提出同樣的疑問。一個愛主的家庭去露營，小女兒卻被誘拐謀殺。悲痛的父親對上帝生氣，質問上帝為何沒有救他的小女孩。

但上帝讓他看到，小女孩被殺時，上帝是與她同在的，她死得很平安。上帝抱著她的靈魂去了天國。現在她正在天上看著爸爸，擔心爸爸走不出傷慟。

上帝賜人平安比讓人逃離死亡更重要。因為在上帝眼裡，死亡並不是一切的結束，反而是天國生命的開始。

人看不到來生，就以為不存在，把死亡當成一切的結束，因此恐懼死亡。但有些人相信永生，並不害怕肉體的死亡，往往可以帶著微笑平安而去。

上帝從來沒保證我們不會遇到災難或死亡，但祂保證信靠祂的人會有平安。

你呢？你認為疾病或災難都是上帝在行懲罰嗎？

隱祕的事是屬耶和華我們神的，唯有明顯的事是永遠屬我們和我們子孫的，好叫我們遵行這律法上的一切話。

——申命記29章29節

背叛的滋味

遭信徒或牧者背叛，沒有跌倒的人有福了。信心就是相信神自己會管教他們。

敬畏耶和華是智慧的開端，讀經可以使人增強判斷力，提升識人之明。**耶穌不要我們論斷人，卻要我們學習祂的智慧來判斷是非，有識人之明。**

在神學院念書期間，有一次，我被學校的屬靈好友誣陷，這段經歷讓我體會到，並非每個基督徒或傳道人都可以信賴。〈馬太福音〉7章21節說：「凡稱呼我『主啊，主啊』的人不能都進天國，唯獨遵行我天父旨意的人才能進去。」

當我發現遭好友誣陷時，內心非常受傷，我主動遞出橄欖枝，想要和好，卻被拒絕，一股遭背叛的錯愕襲擊著我，心中非常痛苦。

上帝知道這件事對我的衝擊不小，所以在面臨學校審查的前一天，三次來安慰我，輕撫我受創的心靈，讓我知道祂在那裡，我的冤屈祂全都知道。

那時正好參加主日禮拜，因心情紛亂，牧師在台上講什麼，我一句也聽不進去。最後講到一個猶太人的小故事，我卻聽得一清二楚。

牧師說：「有個小孩在樓梯的階梯上玩耍，爸爸站在底下伸出雙手，暗示他往下跳爸爸會接住。小孩毫不猶豫地從階梯往下跳。但就在他跳下來的那瞬間，父親卻縮回雙手，小孩摔在地上，嚎啕大哭。父親這才說：『孩子啊，這是要你學習不要太相信人。人是不可靠的，只有上帝才可靠。』」

聽到這句，我心抽了一下，是上帝在跟我講話，透過牧師的口叫我學功課。

下午準備服事時，因心情紛雜難以專心，女兒突然來抱住我，為我禱告。聖靈立時給了我一句經文：「得救在乎歸回安息，得力在乎平靜安穩。」（以賽亞書 30:15）靠著禱告，我逐漸平復情緒，安靜下來。

在下午的服事中，一位剛遭丈夫背叛的女同學講述耶穌遭背叛、被猶大（猶達斯）出賣的故事；提到那種刻骨銘心的痛，令我動容。聖靈又跟我說話了：「讓你體會一下遭背叛的滋味，別以為牧者或基督徒就不會背叛。人與人的關係，別太自信了。」

有了上帝親自的安慰，我覺得元氣大增，也不在乎如何被誣陷了。我告訴自己：「主是幫助我的，我必不懼怕，人能把我怎麼樣呢？」

也正因接到上帝三次如此明確的安慰，我決定原諒背叛我的朋友。隔天就要面臨審查，我決定放棄答辯。對我的攻擊，一律保持沉默，寧可吃虧，不還手。

我知道上帝正在考驗我，試煉我，看我有沒有守住祂的教訓與誡命。「不要自己申冤，寧可讓步，聽憑主怒。」（羅馬書 12:19）這是饒恕的功課。

奇妙的是，當我做出這個決定時，心中升起一股明顯的平安。瞥見鬧鐘，正是我的幸運數字「04:04」——凌晨四點零四分。我更加確信上帝喜悅我饒恕。

開審查會時，雖然我保持沉默，聽任對方指責，但結果卻沒有因此對我不利，反而是對方被質疑：「對自己弟兄姐妹這樣，是不是太殘忍了？」

唯有饒恕，才能做到「不自己申冤」。在被指責時，能放棄辯白，交託主。

這件事我後來告訴一位姐妹，她還沒有聽完就為我委屈地哭了。我趕緊安慰她說：「沒事，上帝知道這點小委屈對我不算什麼，我能撐得住的，所以除了鍛鍊我，也拿我來鍛鍊那位傳道人。放心，神自己會管教的。」

是的，神的僕人，神自己管教。我們不要撈過界了。

你呢？曾有過遭背叛的經驗嗎？

因為主所愛的，他必管教，又鞭打凡所收納的兒子。

——希伯來書12章6節

隱形的操盤手

上帝用一件事就回應了我兩個禱告。祂的道路高過人的道路。

讀神學院那幾年，我和小女兒住學校宿舍，但三年畢業後，勢必要搬出去。只是功課太忙，實在沒空找房。只不斷禱告，期能以最快速、最簡單的方式解決。

那天，接到朋友來電，說她家旁邊有舊公寓要賣，在高級區又在火車站旁，只是舊式公寓沒有安全門卡，而且價格不便宜。我和女兒並不想考慮。

週六開放參觀，我們順路過去看看。奇怪得很，我倆第一眼看了就很喜歡。**若出於上帝，祂會讓我們的心情配合祂的旨意**，看起來就是「天意如此」。

仲介看我們喜歡，催我們出價。我不曉得該如何出價，就禱告，求主幫忙。禱告完我刻意讓心思放空，好像把手從方向盤拿開，讓主來駕駛。

接下來兩三次出價、加價，我可以明顯感覺到不是我在主導，是住在我心裡的聖靈在引導我。沒多久，仲介就說屋主答應賣給我們了。

但這變化實在太快了，買屋比買菜還快。我一時都無法接受這個事實。

若出於上帝，人就像被推著走，樣樣順利，有時一眨眼，就已經成了。

仲介要我們付個訂金，我藉口說要去領錢，和女兒跑回家再一起禱告。

禱告後心裡真的很平安，就決定先去付訂金再說。沒想到付了訂金之後，仲介立刻拿出購買合約，我糊里糊塗就簽了字。錢打哪來都還不曉得。

星期一，我立刻去銀行商量房貸，但因沒有固定收入，銀行不肯貸款給我。

我很沮喪，心想這下買不成了。但我約都簽了，訂金只好泡湯了。

這時，聖靈提醒我：「何不趁機把你外匯及基金的投資收回來？」

自從澳洲官司勝訴，我取回一筆資金，重拾過去投資理財經驗，成績不錯。但讀神學院後，對金融事務漸失興趣，尤其外匯投資須經常關注國際事務，很花時間。我常向上帝禱告：「主啊，能否讓我的投資不用花時間照顧又能保值？」

既然沒時間管理這些投資，趁機結掉倒也挺好。於是我拿出計算機來，把外幣以當天的匯率換成澳幣，再把一些定存解約，扣除利息損失，一筆一筆加總，總共加了十九筆，出現了一個數字，天哪！居然正是我要籌措的房價。

看到那數字，我的驚嚇非同小可。哪有那麼巧？無疑背後有個隱形的操盤手。從看房、出價、簽約、籌款，**看似湊巧，其實都是祂在主導，讓萬事齊來效力**。

女兒也驚奇得大呼：「太嚇人了，想了都會怕！」我們趕緊禱告謝恩。

於是我開始進行十九筆資金的轉換，尤其外幣，必須兌換成澳幣。兌換美金那天，我比之前估算多換得兩千澳元。我還以為是上帝為我準備的房屋稅。但等兌換歐元，卻又賠回去了一些。然後又有一筆估算錯誤，趕緊調整。終於十九處資金都到位了，加加減減，重新加總，吃驚的是，同樣那個數字又出現了，沒有多也沒有少。當然也沒有包括房屋稅。

毫無疑問，這事絕對出於神。**祂定意要做的事，豈會變來變去？**

就這樣，我用現金買下了這間高級區的公寓，免去了貸款的繁瑣。上帝垂聽了我的禱告，用最快速、最簡單的方式解決了我住房的問題。同時，也垂聽了我有關投資理財的禱告，讓我不必再為外幣投資煩惱。祂用一件事，就回應了我兩個禱告，解決了我兩個問題。

你呢？你願意開放自己，去經歷上帝的奇妙作為嗎？

祢的作為奇妙，這是我心深知道的。

——詩篇139篇14節

PART

7

活出信仰來

神學院畢業之後，我成為傳道人。事奉，成為我的責任，也成為我上好的福分。

我的靈命在事奉中成長、成熟，日子在事奉中充滿喜樂與力量。

走在上主恩典的道路上，生命如詩歌般流淌著愛與溫柔。我甘願一生一世跟隨祂。

我一生一世必有恩惠、慈愛隨著我，我且要住在耶和華的殿中，直到永遠。 ——詩篇23篇6節

高峰後的試探

山珍海味的貴賓級旅遊有時令人生病，反而窮鄉僻壤的宣教之旅讓人心靈飽足。

我神學院畢業那一年，在短短幾個月內就連續去了中國大陸兩趟。第一趟是隨台灣政要去參加台商會議並參觀旅遊，第二趟則是去宣教。

第一趟因有高官隨行，受到大陸國台辦高規格貴賓級的接待。住的是五星級酒店，吃的是國宴大餐，出入皆有遊覽車接送。

然而從第三天開始，我就吃壞了腸胃，不斷拉肚子。面對佳餚，再也無法下箸。在江南旅遊時，有幾位同車遊客感冒了，只聽到咳嗽聲不斷。參觀中山陵時更遇大雨，全車幾乎都被傳染了。我也沒得倖免，睡覺都咳得無法安眠。

這一趟吃喝玩樂之行，原是上帝賜給我的放鬆之旅，讓我在學業完成之後可以輕鬆一下。但顯然沒有達到放鬆的目的，我帶著感冒咳嗽返家。

屬靈的高峰之後必有試探，因戒心最為鬆懈，極易陷落。神沒有應許天色常藍，若不時刻儆醒，病魔就乘機入侵。

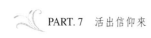

從此我和自己約定，旅遊期間，不僅自己禱告，也一定要與同行的室友每天同心禱告、互相代求、一同儆醒。即便是吃喝玩樂，也一樣需要禱告。

因為，人活著不是單靠食物，乃是靠上帝口中的每一句話（馬太福音 4:4）。不到幾星期，我接著踏上第二趟旅程，赴中國大陸做培訓。

宣教之行自然簡樸。住的是簡單的旅館或民宅，吃的是便利商店買的便當。週末更是下鄉到災區去採訪，每天行程排得極滿。然而一連八天，看似辛勞，卻事事順利。既沒鬧腸胃，也睡得很安穩。

四川菜偏辣，我一向只要吃辣就必定壞肚子。但這次卻一點也沒事。在鄉間參訪，有一晚睡在簡陋的木板床上，硬梆梆的很不習慣，也只失眠一下便安然入睡。我可以感受到有一股特別的力量一路在保守。

有主同行的確據就是一股平安而踏實的力量，從心理到生理。因為心靈的安全感有助於身體生出抵抗力與免疫力。

讓我至為感動的，是認識了一批憑信心在災區默默墾荒的年輕基督徒傳道人。他們多半來自大都市，當初是受聖靈的感召，拋棄了原來高薪的工作，前來賑災，繼而投入災區的重建工作。他們放下身段，融入災區生活，捲起衣袖，實幹苦幹，一人當數人用。四年多了，受不了苦的回去了，撐下來的，都是能吃苦的。

上帝的帶領是奇妙的，千里姻緣一線牽，不少人在這裡遇到了人生的另一半，共同承受生命之恩。夫妻一起胼手胝足，建立並開拓教會。

多數教會須以非政府機構（NGO）型態生存，經費來自外地或國外教會的捐款。然近年受到國際金融風暴衝擊，捐款陡降，不少教會也面臨了生存危機。

經費不足，這些社工的生活條件常比災民還差。他們戲稱：「災民是災民，社工是難民。」他們也常自問：這條路還走不走得下去？

患難才更見真情，基督的愛使他們緊密團結。患難也更生信心，他們熱切的心一如旺盛的火苗，支撐著他們每一天。那是一個活潑、充滿盼望的信仰。

問他們：「那未來該怎麼辦？」他們異口同聲：「憑信心。」

從他們臉上，**我看到一股力量，那是在我們富裕的社會裡看不到的**。

我很感動，也深得啟示。我原是去授課，卻從他們那上了一課。

你呢？你的旅行是肚腹還是心靈的滿足？

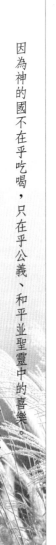

因為神的國不在乎吃喝，只在乎公義、和平並聖靈中的喜樂。

——羅馬書14章17節

擇友的準則

挑人者恆被挑之。有些人你現在不屑，說不定是將來你必須感謝的恩人。

有一次教會正在籌辦小組，依居住地區來安排。有位姐妹硬是不肯參加她的小組，理由是：「我和那些做清潔工的、開計程車的怎麼做朋友？和他們同一個小組，我能學習到什麼？」

我想起聖經中的一個故事。

有個法利賽人律法師看耶穌是個木匠的兒子，沒讀過大學，卻那麼受歡迎，就想來試探耶穌，故意問：「老師，該怎麼做才能得永生？」

耶穌看穿他的來意，反問他：「你不是學律法的嗎？書上怎麼說的？」

耶穌面對挑釁，不會直接掉進陷阱，祂的思惟不同於傳統線性思考（垂直思考），而是採水平思考法，常化被動為主動，用反問的方式。

但律法師採垂直思考法，順著問題回答：「要盡心、盡性、盡力、盡意愛主——你的上帝；又要愛鄰舍如同自己。」

耶穌說：「你答對了。照這樣去做，就可以得永生。」

回答是非題比申論題簡單多了，尤其面對找碴的人。這是耶穌的智慧。

這時律法師就急了，他的目的是要來挑釁，又不是真的要來請教。於是急切地說：「但誰是我的鄰舍呢？誰才有資格讓我愛呢？」

這真是充滿優越感的想法：「像我這麼有身分地位的人，可不是隨便就可以當我鄰居、做我朋友的。」許多法利賽人正是這樣自覺高人一等，瞧不起人，尤其瞧不起撒馬利亞人（撒瑪黎雅人）。

所以耶穌講了一個比喻，繞著彎子教訓他，就是「好撒瑪利亞人」的比喻。**耶穌擅長用比喻，讓謙卑相信祂的人聽懂，得智慧，卻讓自以為是的人即使聽進耳裡也聽不懂**，無法得救。這又是耶穌的智慧。

這個比喻簡單說：「有個人被搶了，還被打傷倒在路旁。地位崇高和有權勢的領袖從旁走過，沒人救他，最後反而是他一向瞧不起的撒瑪利亞人救了他。」

這比喻的意思是：「你以為自己是好鄰居，人人希罕你，所以高高在上挑別人。其實你自己才最需要有好鄰居，因為你落難時最有可能救你的，不是你平常看重的那些有身分地位的人，而是你最輕視、最瞧不起的人。」

耶穌說完比喻，還加問了一句：「你認為誰是那個人的鄰舍呢？」

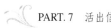

律法師不願意回答是撒馬利亞人，就說：「是那個救他的。」

其實這個有憐憫心的撒馬利亞人也暗喻了耶穌自己。祂為受傷者纏裹傷口，救援醫治，不惜付出任何代價。祂甚至犧牲了自己的性命。

每次讀這段經文，都讓我想起二十多年前的我。就像這個律法師，高高在上挑朋友，眼裡只有權貴富商，卻瞧不上沒錢沒勢的老同學。

結果當我婚變落難，幫助我的卻是我原來最瞧不上眼、又沒錢又沒勢的教會牧師及弟兄姐妹。拯救我脫離苦海的正是救主耶穌。

上帝正是這樣揀選世人以為愚拙的，叫自以為聰明的人羞愧。

未信主前也讀過好撒馬利亞人的故事，把它當成鼓勵人見義勇為的寓言，並沒有吸收到生命的養分。信主後再閱讀，甚至傳講這個故事，潛移默化之下，擇友的價值觀已然改變。

你呢？你擇友的標準是什麼？

神也揀選了世上卑賤的、被人厭惡的以及那無有的，為要廢掉那有的。

——哥林多前書1章28節

天命的趨勢線

若留心察驗神在人身上的每一點作為，將點連成趨勢線，就知天命在哪裡。

兩個點可以連成一條線。如果三個點在同一條趨勢線上，方向就更明確了。我們若留心觀察，把上帝在我們身上的作為標成點，然後把兩、三個點畫出一條趨勢線，那麼就可以察知祂為我們所定的旨意，也就是可以「知天命」。

約莫在五十三、四歲，我耳朵的聽力開始明顯變差，出現「重聽」的現象。醫生說：「這是耳神經退化的現象，醫不好的，不要惡化太快就不錯了。」

我應該是遺傳母親的毛病，但她七十多歲才開始重聽，我卻早了二十年。

我當然也禱告求主醫治，也不時邀請弟兄姐妹及牧者為我代禱，甚至做醫治禱告，但都沒有改善。

很多人為我介紹各種高科技的助聽器，同時見證說某人戴了效果多好多好。只是輪到我身上，效果就是十分有限。

我身邊的好友為我著急，成天幫我打聽各種醫治的門路。但奇怪的是，我心裡卻不很著急，因為隱約覺得：「這事是出於神！」

有人問我：「難道你都不會覺得不方便嗎？」

那當然會！尤其聚會的場合，聽不到人家說什麼，就無法融入交談；有時初認識的人聚會，聽不清楚給錯了反應，就非常糟糕。

記得母親重聽之後，就停止各種聚會，連家人聚會也不想參加，龜縮之餘，老年失智症很快就上身了。我自然也很警惕。

念神學院的第一天，我因聽不清楚而十分沮喪，我哀怨地向神禱告。神用「恩典夠用」來回應我。當下，我心就釋然了！

既然耳疾出於神，我就學習用感恩的心來領受夠用的恩典。**接受它、放下它，倚靠神，聽不到自有聽不到的辦法**，我照樣在神學院完成了碩士學位。

和耳疾爭戰的過程就和開車用 GPS 一樣，在爭一個主導權。「你不聽他，他就聽你！」我想起神談到「罪」：「它要控制你，你卻要制伏它。」（創世記 4:7）我盡量想辦法叫耳疾降服於我。

只要是重要的會面，我一定先報告：「對不起，我耳朵嚴重重聽，請原諒我會多問幾遍。」如果對方仍然不耐煩，我就當成是神要我疏遠此人的信號。

感恩的是，大多數的朋友都願意適應我，為我提高聲量。我的好友依然很多。

耳朵聽力差，眼睛視力就相對重要。然而在我五十五歲時，我的眼睛也不行了，出現了白內障。看東西看不清楚，出現了重疊的影子。

我開始不敢開車，尤其路況不熟悉的地段，因為看不清楚標示太危險。而看書、看電腦也或多或少出現了麻煩。我不停地為這件事禱告，求主醫治。

有一天，我遇到當眼科醫師的侄女，跟她提起這事，她說：「姑姑，你來醫院，我幫你檢查一下。」

很快地，她就幫我安排了手術，特別請她的老師為我操刀。先做左眼，半年後再做右眼。兩次手術都非常成功，一點後遺症也沒有，白內障就這樣去除了。

我的視力恢復了正常，戴了五十年的眼鏡摘掉了。事情順利得出乎我意料之外，讓我非常感恩。

既然神修好我的眼睛，卻遲遲不修我的耳朵，那也代表著另一種天意。**祂要我多用眼睛，少用耳朵**。

於是我調整了我的服事方向。放棄牧會或帶小組，專注在講道、演講、教書與寫作上。因為專注，績效相對提高，也累積出一些成就。

我同時也改變了我的生活型態。少用電話，多上網。以往愛煲電話粥的惡習消失了，八卦、閒聊減少了；因此三姑六婆也遠離了。剛好智慧型手機大行其道，網路社群紛紛崛起，不必用聽的，一切用讀的，我依然可以活躍在朋友圈當中。

當我們將生命幾個重要的點連起來，畫成趨勢線，就可以看到神為我們定的天命。**順著天命走，人生的旅程更輕省，靈命的收穫更豐富**。

你呢？你看出自己的天命趨勢線了嗎？

求你指教我遵行你的旨意，因你是我的神；願你至善的靈引我到平坦之地。

——詩篇143篇10節

測驗功利指數

世俗的眼光看重資優生，輕賤遲緩兒；但在上帝眼裡，每個生命都重要。能用生命喚起生命，更彌足珍貴。

有一年，我巧遇一位朋友。他留學回國後在組織裡擔任高階主管，被視為青年才俊。他的太太也和他一樣優秀，雙雙擁有高薪，生活富裕優渥，人人稱羨。

那次碰到他時，他告訴我，他太太辭職了，在家照顧小孩。

我恭喜他說：「優秀的母親肯定教出個資優生。」

但他卻告訴我：「我們的孩子是天生智能不足的遲緩兒。」

我有些尷尬，隨即不以為然地說：「那幹嘛要辭職？反而更要工作才對啊，她薪水那麼高，都可以請好幾個傭人來照顧孩子了。」

以我之前「功利主義」的想法，捨棄高薪的代價就是要培養出資優生，如果注定是智能不足，那何必花這個代價？我甚至想：「產前檢查時根本就應該墮胎，否則生下來變成大家的負擔，不但拖累父母一輩子，也浪費社會成本。」

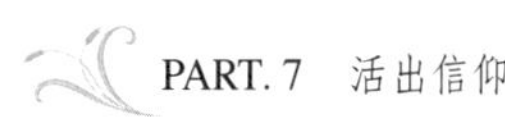

人一旦現實功利，心就剛硬。只能看到有形的世界，看不到無形的價值。

聽我這樣說，朋友只是笑笑，說他們很愛那個小孩，孩子為他們帶來很多樂趣。

又隔了幾年，我再度碰到這位朋友，原以為他應該已經高升，正是意氣風發，沒想到連他也辭職了。因為第二胎又生下個智能不足的遲緩兒。

那時的我，因自己苦難的遭遇，對生命有了新的領悟，比較有同理心了。我點點頭說：「我懂，因為我也摔過。」我為他們獻上感恩的祝福。

朋友說：「是第二個孩子讓我明白了上帝的旨意。我們因此真正經歷了上帝，找到了生命的意義。現在我們比以前喜樂多了，都是上帝的恩典。」

兩個遲緩兒奇妙地改變了兩個資優父母，讓他們找到生命的意義及喜樂。

我問：「但兩個人都沒有固定收入，生活還可以嗎？」

朋友說：「這不用擔心，上帝的供應遠超過我們所求所想。恩典足夠啊！」

他們這些年忙著慈善公益事業，生活一無所缺，這是一般人所想不到的。

我想起聖經上一個故事，門徒問耶穌：「這人生來是瞎眼的，是誰犯了罪？是這人呢，是他父母呢？」

耶穌回答說：「都不是。是要在他身上顯出神的作為來。」

神為遲緩的孩子揀選這樣的父母，是為了使用他們，傳揚祂的作為。

我說：「你們的孩子很幸福，有你們這樣的父母。」

他說：「我們也很幸福，有這樣的孩子，讓我們生命改變，迷途知返。」

在世人眼中，權位、高薪、資優生……是成功的代名詞，但在上帝眼裡，卻剛好相反。這些世俗之物會迷了人的眼，讓人如羊走迷。這對父母是幸運的，恰是因為遲緩的孩子，才有機會回歸本心，與天同道。孩子讓他們懂得從功名利祿中及早回頭。

我們提到了當年職場共同熟識的一些朋友，有的在宦海浮沉中喪失了天良，有的在職場鬥爭中一蹶不振，有的在輸贏比較中得了精神方面的疾病。這世界總是這樣鬥來鬥去，充斥著嫉妒與迫害、殘酷與掠奪。還真令人不勝噓唏！

現在，我總喜歡拿這對夫婦的故事來測試人們的「功利指數」。如果看法和我當初一樣現實功利，那麼請容我為你禱告，祈求老天讓你及早回轉，早日得到生命的意義。

如果你已經能感受到他們的喜樂，珍視這份屬天的福分，那真的要為你高興，也要為你獻上感恩。因為無論世界如何喧囂，這份喜樂與福分，是別人想奪都奪不走的。

你呢？你的功利指數如何？

選擇那上好的福分，是不能奪去的。

——路加福音10章42節

會感動的初心

樹葉乾了需澆水，齒輪鏽了需上油，心剛硬了需找一份感動，用愛使心柔軟。

我小時候有一位非常聰明的朋友，因資質聰穎，在一流大學畢業後出國深造，取得博士學位後回鄉發展，成為金融界亮眼的專家。

有一次聚會，新婚不久的他帶著美麗的太太出席，是位學藝術的大美人。妻子稱讚丈夫的人文氣質令她心儀，說他雖然搞金融，卻一點也不俗氣。

朋友的事業一帆風順，沒多久已是金融界響叮噹的人物，常在報紙新聞上看到他的消息。他這樣的大人物，朋友聚會當然沒法常常出席。即使偶有出席，也是司機開著黑頭車接來送去，他寒喧一下子就走了。

有一天，他非常沮喪地來找我，說他太太離家出走了，計畫要離婚。

我大吃一驚，問是什麼原因。他拿出太太的留書，上面寫著：「親愛的，我雖然很愛你，但已無法再跟一個失去感動能力的人繼續過我的後半生了。祝福你！」

但為什麼會來找我？他說：「因為我太太的床頭放著一本你寫的書。」

他問我：「什麼叫做感動的能力？」

大哉問！這真是把我考倒了。

我顧不得思考，先對他興師問罪：「你是不是也跟流行，搞小三婚外情？」

我知道很多富商名流常出入私人俱樂部，招歡場小姐逢場做戲。這麼做的人總是有理由：「生意場上難免應酬，這是打拼事業的一個必須。」

面對我的質問，他遲疑了一下回答我說：「沒有！有的話我都收拾得很乾淨。我不會那麼遜，偷吃還不知擦嘴。在這方面我太太從來沒有懷疑過我！」

我心裡暗叫不妙，**婚姻裡最重要的因素是「信任」，信任的基礎在彼此坦誠**，我看他好像很久不知道什麼叫做「誠實」了。

這也難怪，他的工作環境是一個充滿爾虞我詐的世界，整天盯著各種數字，還要努力「做」報表，把數字弄得好看，講究的是瞞天過海的技巧。掩飾隱瞞的功夫好，表示能力強；誠實無異是笨蛋的代名詞。

我挑明了直接逼問他：「你太太是沒懷疑過你偷吃擦嘴的能力，還是沒懷疑過你的忠貞？」

他聳聳肩做了一個無可奈何的表情說：「有差嗎？反正她不會有證據的。」

我很嚴肅地表達了我的不以為然：「你這麼聰明的人，當然知道這其中的差別。

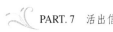

你變太多啦！你太太是學藝術的，感覺很敏銳，怎麼可能沒察覺你的改變？」他默然不語。

我又問他：「你太太最近都在忙什麼？她在想什麼呢？」

他搖搖頭說：「不知道，真的不知道！」

「你有那麼遲鈍嗎？太太為什麼跑了都不知道？」我覺得滿離譜的。

「我實在太忙，好久沒問她了！」他辯解。

「忙不是藉口。你是**太自我中心**，**看不見她的需要**。」我反駁他。

「她有什麼需要？她也太不知足了！以前在美國念書，打工過苦日子都熬過來了，現在總算成功了，有錢有地位，別人想都得不到，她卻舒服日子不會過，吵什麼離婚？」他居然埋怨起來。

我不以為然地回他：「憑你這話，就知道你和太太心靈的距離有多遠。**就是成功**、**有錢**、**有地位**，**把你的眼睛矇住了**，讓你看不到她心靈的需要。」

我想起幾個月前接到他太太的請帖，是遲緩兒的作品展，他太太是籌辦的志工之一。我致電道賀，大大讚美她的愛心，她在電話裡回說：「別誇我了，是我自己每次看到這些遲緩兒的作品都感動得落淚。該誇的是他們呢！」

於是我對他說：「她不是才幫遲緩兒辦畫展嗎？她說看到他們的作品很感動！這

是不是就是所謂感動的能力呢？」

「唉！搞什麼遲緩兒？我最反對她搞那些閒事了，投入與產出根本不成比例。怎麼不把力氣用在資優生上？投入一分，成效十分。像我們的兒子就是資優生，去兒子班上當輔導媽媽，多有成就感！跟那些遲緩兒在一起，久了都變遲緩了，那些人根本是社會的負擔！」他批評說。

我心頭一陣寒意。什麼時候原本正直、熱忱的青年變得如此現實功利？是名利、財富、成功，把他的心變剛硬了嗎？就像以前的我。

人在現實生活中打滾，心變剛硬，失去感動的能力，久了就麻木不仁了！

我嘆了口氣，站起來送客。丟了一句：「我曉得你太太為什麼要離開你了，人生的價值觀越走越遠了。連朋友都想離開你！」

他訕訕地走了，留下我滿腔的不舒服。

一年多後，我從報上知道他當大官了，經常參加一些慈善藝術活動。

有次在電視上看到他接受媒體採訪，對記者說：「再忙都要讓自己接觸一些愛心感人的事物。千萬不能讓自己失去感動的能力。」

樹葉乾了需澆水，齒輪鏽了需上油，心剛硬了需找一份感動。

鏡頭旁邊，不就是他太太嗎？顯然兩人後來沒有離婚。

我很開心，看來我的朋友找回了初心，也挽救了他的婚姻。至於他是怎麼把太太追回來的？這已經不重要了。

愛有翅膀，會飛，會讓人感動，讓剛硬的心變為柔軟。

你呢？現實生活有沒有把你的心變硬了？

我要從你們的肉體中除掉石心，賜給你們肉心。

——以西結書36章26節

棄嬰天使

生命不在乎長短，在乎意義。天使存在的意義，就是要為承受救恩的人服務。

那年，我和朋友到中國大陸一家孤兒院參訪。當時中國大陸還實行一胎化政策，許多女嬰被棄養，有的是天生殘疾，被棄置在孤兒院門口，強迫院方收留。我讀過諾貝爾文學獎作者莫言的小說《棄嬰》，深深了解那種無奈，那是一個時代的悲劇。

孤兒院整個一樓充滿了每天被迫收留進來的棄嬰，每個房間放置了一排又一排的嬰兒床，每個嬰兒床至少躺了三個棄嬰，瘦小點的一床還擠上四、五個。棄嬰太多，房間不夠用，嬰兒床還擱到走廊來了。

孤兒院把完好的嬰兒與有殘疾的嬰兒分開來照顧。我們進到那間有殘疾的嬰兒房。有些嬰兒是兔唇，有些是少了手指或腳趾，還有些是先天性心臟病、唐氏症嬰兒。他們被裹在布包裡，不仔細看，外行人也看不出殘疾。

我們循著嬰兒的啼哭聲，過去抱他們起來。有時護理人員會推出一車子的奶瓶要我們幫忙，說：「這個、那個、還有那個，都該喝奶了。謝謝你們幫忙。」

我們興高采烈地一一抱起嬰孩。**奇妙的是，每個被我們抱起來的嬰孩一定會停止哭聲，咧嘴對我們笑，幾乎沒有一個例外。**

太難得了。我常探訪年輕家庭，抱過不少嬰孩，知道嬰兒最常有的表情就是「面無表情」，並不是每個嬰孩都會對人笑的。但是那天在孤兒院卻很奇妙，每個嬰兒只要一抱上手就對你笑。好像在靈裡他們知道些什麼事，或許在被丟棄的黑暗中掙扎過，冥冥中極力要以笑容來吸引人去領養他們吧？

嬰兒的笑容純真無邪，像天使一般，把我們的心都融化了。

一位同行的年輕男士興奮地說：「這嬰孩是不是認得我啊？一直衝著我笑！我們前世肯定有緣，她一定是忘了喝忘情水就來投胎，所以認出我了。」

他女朋友白了他一眼，我則笑著說：「喝忘情水？還喝孟婆湯咧，你真是仙俠劇看多啦！」他女朋友又笑著捶了他一拳。

一旁的護理人員聽著也笑了，告訴我們：「要欣賞他們的笑容也要快，因為大多數的嬰兒都活不過幾週的。」

「為什麼？」我們一排驚訝的眼神一致投射過來。

「如果沒有人領養，就沒法送去醫院動手術治療，那就只能讓他們自生自滅了。」

護理人員解釋說，院方沒有那麼多經費去幫嬰兒動手術，而天生有殘疾的嬰孩通常都鬥不過病魔，幾週或幾個月就會自動死亡。

我們一下子全都沉默了，心情沉重起來。

我望著懷裡的嬰孩，看著他天真無辜的笑靨，心中升起無限的憐憫，百般不捨。有一股莫名的溫柔情感，觸動著我的心。

一位同行的姐妹忍不住跑到一邊去偷偷拭淚。我跑過去安慰她。

她一邊拭淚，一邊說：「一想到他們下個星期可能就不見了，真是難過。上帝是不是在開玩笑啊？既然不要他們活，幹嘛又讓他們出生呢？在這世上活那麼幾個星期到底有什麼意義？只有受苦不是嗎？怎麼忍心呢？」

她說出了我們每個人心中的疑問。低氣壓的沉默更沉重地迴盪在我們中間。

我在心中向神呼求：「主啊，為什麼？懇求祢指教我們，我們不明白啊。」

沒多久，聖靈光照我。我立刻想起聖經的一段記載，門徒詢問天生瞎眼的原因，耶穌回答說：「是要在他身上顯出神的作為來。」（約翰福音 9:3）

聖經記載，後來耶穌用唾沫和泥抹在瞎子的眼睛上，命瞎子去西羅亞池（史羅亞池）洗一洗，瞎子就得了醫治，能看見了。這是耶穌行的神蹟之一。

沒錯，上帝的作為的確藉著耶穌行的奇蹟顯現出來。但這和孤兒院瀕死的嬰孩有什麼關係？上帝會因我們的禱告行神蹟，讓這些嬰孩全都不死嗎？我很狐疑。

我甚至作夢，夢到出現了一位大財主，把全部的棄嬰都領養了，送他們進醫院動手術。但夢醒了，我知道這事不太可能在真實的世界發生。

如果沒有奇蹟，那上帝的作為要怎麼顯現呢？我不斷思索著，疑問著。

隔天，答案來了。

和我們同行的兩位慕道友決志信主了。其中一位就是那名年輕男士。他原本只是和女友一起來玩，平時總是拒絕女友對他傳福音，堅稱自己是「永遠的慕道友」，意思是「慕道可以，但永遠別想要我受洗或接受主」。他女友總要我們為他禱告。

但昨天在孤兒院，在殘疾嬰兒的笑靨裡，他的心柔軟了，**他感受到人類的渺小，他謙卑下來，他的靈被神觸摸了**。他決志信主了。

他女朋友高興地說：「瞧，耶穌昨天在我男友身上行了奇蹟。」

我走過去對昨天那名拭淚的姐妹說：「你找到棄嬰存在的意義了嗎？上帝沒有開玩笑，祂是認真的，祂聽我們的禱告，在乎我們每個人是否重生得救。」

這位姐妹點點頭，激動地說：「感謝主，我覺得信心增長了呢！」我點點頭，我也是。我們不約而同哼起了《何等恩典》這首詩歌。

災難或不幸使人體會到人的渺小與卑微。人心柔軟謙卑之際，便能遇見神。

稍後我們遇到一位和孤兒院方熟識的牧師，他經常帶團到這探訪，鼓勵有能力的家庭領養。他告訴我們，雖未必每個參訪團都有人領養，但幾乎每團都有人受到感動，不斷有人決志，靈命獲得更新。

這些棄嬰正是上帝派來的天使，他們用短暫的生命讓人遇見神。這正是神賦予他們存在的意義。在打完一場美好的仗後，便被接去耶穌那裡安息。

棄嬰天使，也讓我的心更柔軟，信心更堅固，更願謙卑與主同行。

你呢？你的心是否柔軟謙卑？

天使豈不都是服役的靈、奉差遣為那將要承受救恩的人效力麼？

——希伯來書1章14節

成聖的秘訣

成聖的秘訣在於掏空自己，挪去所有纏累，返回孩童的純真，與主合一。

聽過許多「成聖」的故事，但總覺得很遙遠，無法揣摩那是什麼樣的境界。

有一天，在新聞中讀到台灣天主教樞機主教單國璽辭世的消息，提到他生前寫下的最後一篇文章，描述自己過世前尿屎失禁的窘態。我第一個反應是：「這麼丟臉的事為什麼要寫出來呢？天主教修女都沒有結婚，難道他不知道她們看了會臉紅嗎？」

等到我自己讀完全文，了解了狀況，才恍然大悟，且深深受到感動。我終於窺知「成聖」、「與主合一」的境界是什麼樣貌了。也對單樞機不在乎丟臉，堅持把這麼寶貴的見證寫出來，如此無私地點化信眾，指出這條成聖的道路，深深感到敬佩。

單樞機是在八十二歲時發現罹患了肺腺癌第四期，醫生告訴他只剩下半年壽命。他決定抓緊時間，將殘餘生命全部貢獻出去，於是展開「生命告別之旅」，在台灣做環島的巡迴演講。許多人的生命因此受到影響。

他說：「這癌病是我的小跟班，是天主派給我的小天使，時時刻刻在提醒我這老

傢伙，別苟延殘喘，趕快去完成天主要我做的事。」

兩年半過去，單樞機並沒有如醫生所說病逝，他回醫院檢查，居然有一邊肺部的癌細胞不見了，另一邊的腫瘤也縮小了。簡直是奇蹟。

於是他繼續到處演講，只是把「告別之旅」改為「感恩之旅」，他自我調侃說：「總不能老是告而不別啊。」

他感恩，不是為了生命延長、壽數增加而感恩，卻是為了「上主使用我」而感恩。他說：「上主還願意使用我這部老機器去服事，真是恩典啊！」

許多人怕老、怕死，越擔憂自己，就越活在死亡的陰影中。但單樞機**把眼光從自己身上移開，以別人為念，反而超越了死亡**。如同耶穌說：「凡要救自己生命的，必喪掉生命；凡為我喪掉生命的，必得著生命。」（馬太福音 16:24）

上主多給了單樞機六年的時光。許多人勸他好好養病、別太操勞，他卻擔心自己來不及服事，反而加緊腳步，演講、寫書、積極服事，比生病前更甚。因為他不怕死，只怕做得不夠。

許多人驚訝於罹癌病人還能有這樣的精力，但在他身上，就是**越服事，上主就讓他越有精力**。耶穌說：「凡有的，還要加給他，叫他有餘；凡沒有的，連他所有的，也要奪去。」（馬太福音 13:12）

他甚至為自己舉辦了「生前告別式」，告訴大家死亡並不可怕，死亡只是生命的一個過程，不是結束。他自己已經準備好了，隨時聽候天主召見。

過世前三個月，醫生檢查出單樞機的癌細胞已蔓延到腦部及骨骼，於是他重新接受治療，但仍未停止服事，依舊主持彌撒，並為信眾祈福。

就在辭世前三星期，他寫下了此生最後一篇文章〈掏空自己，返老還童，登峰聖山〉，做了他此生最後一次的文字事奉。此文迅速在網路傳開，感動了無數人的心，也為所有尋求天國之路的信眾，指出了一條清楚明確的道路。他為上主所做的有力見證，照亮了整個世界。

他赤裸裸描述自己三次尿屎失禁，**見證上主趁此挪去了他的虛榮、尊嚴，讓他回歸赤子之身**，終使他得以與基督親密結合。

他指出，七十年來他每天祈禱，感覺和天主相當接近，但和掛在十字架上的耶穌仍有一段距離。他也曉得應當「掏空自己」才能辦到，卻不容易做到。後來還是靠天主「捉弄我一下，讓我出了幾次醜，就把我的問題徹底解決了」。

他坦白敘述三件糗事：

第一次是在舉行聖祭時，利尿劑的藥性發作，「褲子已尿濕一半，不得不去洗手間，去時地板上已撒滿尿水」。這使他顏面盡失，「在修女和醫護人員面前感到無地自容」。但他說：「這是天主治療我虛榮心的開始。」

第二次是在半夜，瀉藥的藥性發作，他叫醒男看護攙扶他去如廁。但「還未到馬桶前，糞便不自禁地撒在地板上。男看護不小心踏上一堆糞便」。男看護將他弄髒的衣褲脫下，讓他赤裸裸地坐在馬桶上，用水沖洗，同時像訓斥小孩子一樣說：「離馬桶兩三步，你都忍不住！」

單樞機形容：「他的每句話猶如利刃，將我九十年養成的自尊、維護的榮譽、頭銜、地位、權威、尊嚴等一層層地剝掉了。」但這反而讓他升起一股「脫胎換骨的輕鬆感」，因為「恢復了兒童的純樸、天真、謙卑……」。

這讓他身輕如一隻小袋鼠，跳到了十字架下，更「躍進了耶穌洞開的心房中，猶如回到母袋中一樣」，讓他初嘗與耶穌親密結合的滋味。

當我讀到這裡，已經淚流滿面了。返老還童正是反璞歸真的寫照。原來，**上帝要求我們的，無非就是回轉到純潔的天真裡，才能與祂合一**。

單樞機繼續敘述第三次，是在去醫院的途中，排尿劑藥性發作，尿濕了半條褲子和輪椅上的坐墊。到了醫院又有尿液排出，褲子更濕了。就這樣上了腫瘤科放射台，醫護和技術人員看得很清楚。他說：「這時的我，連最後的一點尊嚴也喪失了。」

他說，他感謝天主讓他這樣「出糗」，真正挪去了他一生累積的榮譽、頭銜、地位、權威等，這些是他靈修上的絆腳石，上主很有智慧地將這些絆腳石挪走，這事就成了他的墊腳石，讓他終於可以真正與基督融合一體。

單樞機的見證，讓人看到一位智慧又幽默的上帝。「成聖」是一件多麼莊嚴崇高的事，卻被包裹在尿屎失禁看似羞恥的外衣之中，讓人驚歎！**上主最擅長把世人看似羞恥的事，變成尊榮**。「神卻揀選了世上愚拙的，叫有智慧的羞愧；又揀選了世上軟弱的，叫那強壯的羞愧。」（哥林多前書 1:27）

單樞機原本可以不必把這些丟臉的事寫出來，他大可自己安靜成聖，帶著尊嚴及光榮離世。但他卻選擇公開，不怕人笑話，只為了將這個成聖的秘訣讓更多人知道，讓更多人受益。他早已拋開個人榮辱，一心只為眾人。我們在他身上看到了耶穌的樣式。

我想到我自己，我敢把自己丟臉的事寫出來，只為了造就別人嗎？

鏡頭前，世人看到的是一個在聖壇上尿失禁的樞機主教；但閉上眼，我卻感受到一個偉大聖潔的靈魂，觸動了許多在塵寰中打滾的鐵石心腸。

你呢？是否也受到單樞機的感動？

你們要追求聖潔；非聖潔沒有人能見主。
——希伯來書12章14節

臨終的微笑

有一種福分，就是確知自己死後要往哪裡去。

我很喜歡探訪老人及做臨終關懷服事，因為常可以看到很美的信心與盼望。我原本要去鼓舞別人，結果卻大大被鼓舞。

有一次，去探望一位九十多歲的姐妹。剛進她的安養病房，見她一副愁眉苦臉，碎碎唸著：「要死了！要死了！」

她抱怨說吞嚥越來越困難，膝蓋越來越無力。聲音裡充滿焦躁不安的情緒。她耳朵重聽，我知道安慰的話多說無益，乾脆以行動表示。

我開始翻聖經，對她說：「我讀經給你聽好不好？」

她大約沒聽明白我說什麼，只看到我在翻聖經，就逕自背誦起〈詩篇〉二十三篇，沒有間斷，一氣呵成。可見平常背得多麼滾瓜爛熟。

經文就是神的話，帶有奇效，比吃鎮靜劑還管用，立刻安撫不安的情緒。

讀完經，我拉拉她的手，說：「我唱聖詩給你聽好嗎？」

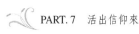

我哼起〈奇異恩典〉的曲調，同時拿起手機，要找歌詞出來。沒想到她立刻大聲唱出歌詞。我記不住的四節歌詞她全會背，太厲害了，比我強多了。

唱完詩歌，她眼中泛著光。音樂本來就能觸動情感，顯然她自己也被感動了。**詩歌也是對神的歌頌讚美，能快速支取神的大能，更是心靈的特效藥。**

我接著說：「我幫你禱告好不好？」我是傳道人，幫她禱告是我的責任。沒想到她看到我的手作勢要祈禱，自己就閉起眼睛大聲禱告起來，也不管我如何接腔。我還聽到她在禱告中感謝我。

禱告完，她一臉歡喜的笑容，開心而鄭重地說：「我快要去見主耶穌了。」**和神的關係好，神會把和你有關的重要事情（例如回天家）預先讓你知道。**

短短半個小時，出現這樣明顯的反差，我十分感動，也備受鼓舞。

沒多久，就聽說她微笑著被上主接走了。

還有一次，我去醫院安寧病房探訪一位臨終的老伯伯。

老伯伯已年屆百歲，帶著鼻胃管，視覺、聽覺都已不行了。我大聲問他幾句家常，他都沒反應，似乎聽不到，也看不見。

然而奇妙的是，當我唸〈詩篇〉二十三篇的經文「耶和華是我的牧者，我必不至缺乏。他使我躺臥在青草地上，領我到可安歇的水邊」，老伯伯眼睛睜開了，露出歡喜的表情，好奇地看向我，彷彿在問：「這是誰呀？」

我繼續唸「我雖然行過死蔭的幽谷，也不怕遭害」，明顯可以感覺出他的喜樂，整張臉的皺紋都在微笑。

我和同去的姐妹唱起讚美詩歌，老伯伯居然跟著我們的節奏揚起手打拍子。我們大受鼓舞，一連唱了許多首詩歌，他的手也一直沒有停。

太奇妙了！這個行將就木的老人，對人的聲音毫無反應，卻對神的話及音符這麼有反應。**肉體雖然衰殘，但靈裡他聽見了**。

我確信，當耶穌來接他走的時候，他的靈一定聽得見，絕不會跟錯或迷路。

人生終須一死，人人皆要面對。重要的是面臨死亡能夠不害怕，心中有平安。

怕死是人的天性，因為不知道死後會去哪裡。

人對不確定的未來，肯定是害怕及焦慮的。但若知道並確信要去哪裡，有了盼望，那就不怕了。

有一種福分，就是確知自己死後要往哪裡去。

有位教會姐妹中年罹癌，醫生宣布她生命只剩三個月。

她請求上帝多給她一點時間，讓她完成多年的心願，公開上台做信仰見證。

上帝果然多給了她一年。她在教會及幾個團體都做了見證，許多人受感動。

時候到了，主告訴她要接她走了。她也早已做好準備，心裡很平安。

她是個單親媽媽，後事必須靠其他幾位姐妹來為她料理，只是這幾位姐妹平常都要上班。於是她向上帝禱告：「主啊，求祢在星期六接我走，她們週六不用上班，比較方便來為我料理後事。」

果然，上主應允了她的請求，就在星期六接她走了。

對天堂的信心與盼望，讓人面臨死亡也能平安喜樂。

你呢？你知道自己死後要到哪裡去嗎？

我在哪裡，叫你們也在哪裡。我往哪裡去你們知道，那條路你們也知道。

——約翰福音14章3－4節

用筆傳福音

勇敢說出自己的故事，心靈得解脫，創傷得痊癒。一味隱藏，反而壓抑成疾。

經常碰到有人問我：「你單身沒有伴，會不會覺得寂寞？」我總帶著點戲謔回答：「你覺得談戀愛的人會覺得寂寞嗎？」「不會！有戀人相伴，當然不寂寞。」這是普遍的回答。「所以囉！我和文字談戀愛，有文字相伴，也不會寂寞。」我答。

寫作本身是一種創作，腦子不停地構思用字遣詞、文句結構、意象、內容。網路時代，還要加上圖片及背景音樂。滿腦子都是文字的影兒，就像談戀愛一樣。孤獨可以發揮想像與思考，是創作的泉源；當靈感澎湃，就沒工夫理會寂寞。醉心創作的人，不論藝術、歌曲或文章，腦中總是思緒翻騰，外表雖形單影隻，內心卻豐盛無比，容不下寂寞。

那什麼是文字事奉呢？和文章創作有何不同？

簡單說，帶有屬靈觀點的文章創作，能榮神益人，就是文字事奉。

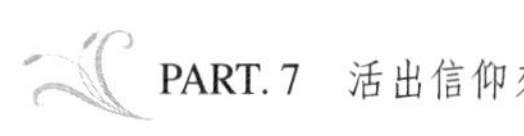

基督徒的生活模式就是榮神益人。榮神是敬拜，益人是服事。

把信仰生活寫下來，不論是生命的真理、生活的感悟，有神同在，就是敬拜；能使人受益，就是服事。就如同用筆傳福音，讓人更認識神，更鼓舞生命。

和一般寫作不同，文字事奉是為神而作，心裡想著神的同在，願寫出來榮耀神。**一般寫作是在彰顯作者，文字事奉卻是在彰顯神**。這就像講道和演講不同一樣，演講在彰顯主講人，講道卻要彰顯神。

寫作的人都曉得「靈感」很重要。有靈感，振筆如飛；沒靈感，寫不出來！但對福音作者來說，靈感就來自於住在心裡的聖靈。祂常會為信徒帶來一些感動，就是福音寫作的靈感。

聖經教導說「不要消滅聖靈的感動」、「不要讓聖靈憂傷」。做文字事奉的人，須善於把握聖靈的感動。也因為時時與聖靈相處，與神的關係更加親密。

我很享受做文字事奉，除了創作本身具有無窮的魅力外，時時與神親近也讓我靈命獲得提升。

俗話說：開卷有益。對讀者而言，是否一定要閱讀屬靈文章呢？

這就和唱聖歌或唱流行歌曲一樣。唱歌的確有益身心健康，但心情不好的時候去唱流行歌曲，常常是越唱情愁越濃，感染負面情緒；但是唱聖歌卻能很快鼓舞情緒，產生正面的能量。

我最喜歡做的文字事奉是寫一些屬靈的小故事。也很喜歡在講道時說一些小故事，過去更是常把牧師講道時說的小故事寫下來。我發現，**說故事或寫故事，具有極佳的治療效果**，運用在關懷服事上，也有很好的功效。

其實，「敘事療法」已經是後現代心理治療的有效方式之一。簡單說，就是用說故事的方法來進行心理醫治。

我自己從說故事當中，得到極大的療癒。說自己故事的時候，把親身經歷重述一遍，總會有新的體會或發現。說別人故事的時候，再次思考其中的因果關係，吸取更豐富的教訓。

在從事單親關懷事工時，我也鼓勵心靈受創的失婚姐妹，把**自己的事勇敢說出來，不僅心靈得到解脫，創傷也較易痊癒**。如果一味隱藏，傷痛無法得釋放，反而形成更難解的壓力，造成心理及情緒性疾病。

有一次，一位單親媽媽告訴我有位男士在追求她，她不知道是否該與他交往。

我問：「你喜歡他嗎？」

她說：「我也不知道，有時喜歡，有時不喜歡。」

因為是在網路上用文字交談，我請她把他們相識的經過寫下來，我先去忙別的事，回頭再來看。

幾小時之後，我回頭讀她的故事，她自己卻已經有結論了。她說：「我不會與他交往了，因為觀念差距太大。我是偶爾感到寂寞時，覺得有人陪也不錯。」

我很高興她想清楚了，透過敘事，她更了解對方與自己，也因此找到答案了。

你呢？曾有透過敘事得療癒的經驗嗎？

凡勞苦擔重擔的人，可以到我這裡來，我就使你們得安息……我的軛是容易的，我的擔子是輕省的。

——馬太福音11章28－30節

上帝付的薪水

錢像是長了腳，追它，它跑得比你快；不追它，它就反過來追你。

被上帝揀選出來當傳道人，到底是幸還是不幸？被呼召走服事這條路，一定就值得羨慕或誇耀嗎？

其實並不盡然。使徒保羅說得很直白：「我傳福音原沒有可誇的，因為我是不得已的。若不傳福音，我便有禍了。」（哥林多前書 9:16）

他還說：「我若甘心做這事，就有賞賜；若不甘心，責任卻已經託付我了。」（9:17）言下之意，若虧負了責任，得罪了上帝，一定會災禍臨頭。

當傳道人，已被揀選，是命定的，不論甘心或不甘心，都已成事實。如果甘心樂意，那就是一項殊榮，還會得到賞賜；如果不甘心，推卸責任，那肯定有禍。

聰明的人該選向上提升，或是向下沉淪？再清楚不過了。

其實這也正顯示了上帝的屬性，祂既是慈愛的天父，也是公義的審判官。

許多傳道人都有過類似的經歷。甘心服事，上帝會讓你什麼好處都不缺；不甘心

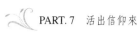

服事，祂也會讓你處處碰壁，無路可走。

有一名博士，原本有一份高薪的工作，上帝呼召他夫妻倆去傳福音，當傳道人。於是他辭了高薪的工作，搬到神學院附近，一方面到神學院接受裝備當學生，一方面在附近的大學找到工作當教授。他也展開了他的服事，在校園建立了學生團契。

神學院畢業後，上帝又呼召他去開拓教會，當全職牧師。但他擔心新教會建立不易，沒有母會支持，生活沒有保障，遲遲不敢辭掉教授的工作。直到有一天，他不小心罵了一個粗魯的學生，學生告到教育當局，校方要求他先停職接受調查。

他原不敢辭職，但結果卻被迫辭職了。

那一刻，他很清楚知道，這些都是出自神。因他不順服，禍就來了。

然而當他終於走出去開拓教會，背水一戰，不但恩典夠用，賞賜還源源不斷。他做見證說，他原擔心生活沒有保障，但結果不但完全無虞，還豐盛有餘。

上帝在我身上的作為也是如此奇妙。

當我十四年的官司一結束，還沒有思考要找什麼工作，一下子就被推進神學院接受裝備。

三年道學碩士畢業，因耳朵重聽，我沒法牧會或到教會機構上班，因此也沒有固定的薪水收入。但我並未停止服事，仍不計報酬地講道、教導、做文字事奉、做失婚救援及老年臨終關懷。

有過去的經歷，我很有信心，深知神必供應我一切所需。常有知道我過去依靠救濟金維生的牧長關心我：「那你如何維生？」我總是指指天上說：「靠上帝發薪水給我啊！」

奇妙的是，這些年來，上帝不僅供應我一切所需，付給我的薪水還特別高。祂讓我在理財方面非常順利，所有投資都賺，基金、外匯、房產，每項都賺。由於過去是主跑財經新聞的記者，我對投資理財並不陌生，也有些經驗。上帝就利用我過去的專業來賜福予我。

上帝不會浪費祂曾經賜給我們的才幹或經歷，在祂所定的日子，就會讓我們發揮，成為祂賜福的工具。

而且只要我不停止服事，經常還有意想不到的外快從天上掉下來。有時是出書的版稅，有時是保險的紅利，豐豐富富。

當我們以神的國為念作出奉獻，祂就應許：「為你們敞開天上的窗戶，傾福與你們，甚至無處可容。」（瑪拉基書／馬拉基亞 3:10）

對我而言，錢像是長了腳，追它，它跑得比你快；不追它，它就反過來追你。

上帝不要我們追逐錢財；只要追求祂的道，錢財自動會來追你。正如祂的應許：

「你們要先求祂的國和祂的義，這些東西都要加給你們了。」（馬太福音 6:33）

甘心服事主，祂的賞賜如此豐厚。那又何必不甘心或抱怨來招禍呢？

你呢？你要選擇向上提升或是向下沉淪？

我赤身出於母胎，也必赤身歸回；賞賜的是耶和華，收取的也是耶和華。

——約伯記 1 章 21 節

國家圖書館出版品預行編目資料

輸時，贏得人生：從灰燼中重生的100個心靈操練 / 蘇拾瑩 著. -- 初版. -- 臺北市：啟示出版：家庭傳媒城邦分公司, 2018.12
面；　公分. --(智慧書系列；13)

ISBN 978-986-96765-3-3 (平裝)

1.修身 2.生活指導

192.1　　107018801

智慧書系列013
輸時，贏得人生：從灰燼中重生的100個心靈操練

作　　者／蘇拾瑩
企畫選書人／彭之琬
總　編　輯／彭之琬
責 任 編 輯／李詠璇

版　　權／黃淑敏、翁靜如
行 銷 業 務／林秀津、王　瑜
總　經　理／彭之琬
發　行　人／何飛鵬
法 律 顧 問／元禾法律事務所 王子文律師
出　　版／啟示出版
臺北市 104 民生東路二段 141 號 9 樓
電話：(02) 25007008　傳真：(02)25007759
E-mail:bwp.service@cite.com.tw
發　　行／英屬蓋曼群島商家庭傳媒股份有限公司城邦分公司
台北市中山區民生東路二段141號2樓
書虫客服服務專線：02-25007718；25007719
服務時間：週一至週五上午09:30-12:00；下午13:30-17:00
24小時傳真專線：02-25001990；25001991
劃撥帳號：19863813；戶名：書虫股份有限公司
讀者服務信箱：service@readingclub.com.tw
城邦讀書花園：www.cite.com.tw
香港發行所／城邦（香港）出版集團
香港灣仔駱克道193號東超商業中心1F E-mail: hkcite@biznetvigator.com
電話：(852) 25086231　傳真：(852) 25789337
馬新發行所／城邦（馬新）出版集團【Cite (M) Sdn Bhd】
41, Jalan Radin Anum, Bandar Baru Sri Petaling, 57000 Kuala Lumpur, Malaysia.
電話：(603) 90578822　傳真：(603) 90576622
Email: cite@cite.com.my

封 面 設 計／李東記
排　　版／極翔企業有限公司
印　　刷／韋懋印刷事業有限公司

■ 2019 年 1 月 15 日初版
■ 2019 年 2 月 19 日初版 2.5 刷
定價 340 元　　Printed in Taiwan

城邦讀書花園
www.cite.com.tw

 ISBN 978-986-96765-3-3